下山事件
封印された記憶

木田滋夫

中央公論新社

プロローグ――小菅の町工場

　ホチキス留めされた紙の束が手元にある。２００９年に取材先で偶然、手に入れたものだ。中身は当時、82歳だった老人が書いた「自伝的小説」だ。10枚にわたって、彼が若い頃に働いていた町工場での出来事などが記されている。物語は老夫婦のたわいのない会話から始まる。


「あんた、そんなチャイナより安い仕事をして、それで良いと思っているのですか？」

「まあ、時代の流れだから仕方あるまいよ」

「もっと値上げするのです、値上げを!!」

　家計の苦しさに不平を漏らしていた妻は、やがてこんなことを口にする。

「あんたやお兄さんがやっていた荒井工業はあの頃一体何を作っていたのですか？　あん

たが持っていたあのオーバーは、誰から買ったのですか？　あんな高価なものを」

「あれはお前、鉄道弘済会から特別に買って貰ったものです」

「私は、下山事件に荒井工業が関係しているのは分かっていました。何がどうなのかはよく知りませんが」

「――お前、その様なことはしゃべらない方が良いよ。理由は色々あるがとてもヤバイことなのだ」


作品の大まかな内容はこうだ。作者の老人は下山事件が起きた頃、小菅《こすげ》（東京都葛飾区）にあった荒井工業で旋盤工として働いていた。そこは彼の長兄が経営しており、駅の売店に置くジュースミキサーを作って国鉄関連団体の鉄道弘済会に納めていた。その団体からは、元憲兵の男が顧問として工場によく顔を出していた。あるとき、彼は長兄にプラチナの延べ板を見せられた。長兄が元憲兵からもらったものだという。下山事件の後、元憲兵は姿を見せなくなり、ミキサーの取引も終わった――。

前段の夫婦の会話を含め、一読しただけでは何の話なのか、文脈をつかみにくいというのがほとんどの読者の感想だろう。しかし、少なくとも私にとっては驚くべき内容だった。そこには、下山事件をめぐる不可解な出来事に絡んで名前が挙がった人物や組織が登場していたからだ。

下山事件——。敗戦から間もない1949年（昭和24年）7月、初代国鉄総裁・下山定則《しもやまさだのり》（当時47歳）が、出勤途中に立ち寄った百貨店で行方不明になり、約15時間後、東京都足立区内の常磐線の線路上で轢断《れきだん》遺体となって見つかった未解決事件のことだ。下山は当時、連合国軍総司令部（GHQ）や日本政府の方針に従い、10万人にのぼる国鉄職員の大量解雇を進めている最中だった。

終始、不気味さがつきまとう出来事だった。現場で遺体を見た医師は、自殺した可能性が高いと判断した。ところが、遺体を解剖した東京大学法医学教室は、死亡後に列車に轢《ひ》かれたと判断した。何者かに殺害された後、線路上に置かれた可能性があるというわけだ。

現場周辺の住民からは、線路付近を歩く男を見たという証言や、自分の旅館で下山らしき男が休んでいったという証言が寄せられた。その男が下山本人なら、自分の意思で現場まで来て、列車に飛び込んだように思える。ところが、轢断現場では下山が身に着けていたはずのメガネやネクタイが見つからなかった。轢断地点の手前には下山と同じ血液型の血痕が点々と続き、散乱していた衣類には鉄道車両には使われていないヌカ油や染料が付着していた。これらの痕跡は、下山が別の場所で殺害され、現場に運び込まれたことを示しているように見える。

警視庁捜査一課を中心とする捜査本部は自殺と判断した。周辺住民らの目撃証言を重視したためだ。捜査本部は、人員整理に苦悩した下山が精神不調に陥り、列車に身を投げたという筋書きを描いた。一方、独自に捜査していた東京地検と警視庁捜査二課は他殺と判断した。解剖結果が「死後轢断」だったためで、血痕の鑑定や、ヌカ油と染料の分析から容疑者を割り出そうとした。

新聞社の見解も分かれた。読売新聞と朝日新聞は「他殺説」を支持し、毎日新聞は「自殺説」を支持。法医学界でも「自殺か他殺か」の論争が起きた。結局、警視庁の捜査本部は、捜査結果を公表することもなく、早々に態勢を縮小し、事件は迷宮入りしてしまった。

占領下という特殊事情を考慮しても、捜査状況はあまりに不可解だ。事件から1年後の新聞にはこう書かれている。

「いつの間にか警視庁内の下山事件特別捜査本部は消え去って、事件から一年目の現在では捜査二課の一班四名が地味な捜査を続けているだけである。自殺結論を出した昨年八月四日警視庁刑事部長公舎での合同会議によって捜査一課の事件追及は事実上打ち切られた」(『朝日新聞』1950年7月5日)

合同会議が開かれたのは正しくは8月3日だが、いずれにせよ事件発生からわずか1か月たらずだ。ヌカ油と染料の分析結果や、解剖結果の正式な鑑定書も出ていない段階で、自殺ありきで結論が決まっていたことになる。いったい、どんな力が働いたのだろうか。

「戦後史最大のミステリー」とも言われ、今もなお、多くの謎に包まれている下山事件。占領期という時代背景も奇怪さを増幅させるのか、文芸作品などの題材にもなった。社会派推理小説の開拓者である松本清張は1960年、連作ノンフィクション『日本の黒い霧』の第一話で下山事件を扱い、人員整理の背後にいたGHQによる謀殺説を唱えて反響を呼んだ。漫画の巨匠・手塚治虫も1970年代前半、下山事件をモチーフの一つに用いて、『奇子《あやこ》』という異色作を描いた。

事件の謎を追うジャーナリストや研究者たちは、先人の取材成果を下敷きに、下の世代がさらに取材を深めるリレーを連綿と続けてきた。昭和の時代には、朝日新聞の記者として取材にあたった矢田喜美雄が『謀殺 下山事件』（1973）を著し、他殺を示す痕跡や証言などをまとめた。毎日新聞の平正一は、『生体れき断――下山事件の真相』（1964）を著して自殺説を主張。『下山事件全研究』（1976）の著者・佐藤一《はじめ》も、自ら機関車の油を検証するなどして自殺説を主張した。

平成に入ると、朝日新聞の諸永裕司が『葬られた夏――追跡下山事件』（2002）で、元米軍情報機関員らへの取材から他殺説に基づくノンフィクションをまとめた。映画監督の森達也も、他殺説に立つ『下山事件《シモヤマ・ケース》』（2004）を著した。そして作家の柴田哲孝は『下山事件最後の証言』（2005）と題した著作を世に問うた。肉親から集めた証言も含んだ内容で、ある会社が事件に関与したとする他殺説を示して話題になった。

私は入社4年目の若手記者だった頃から、本来の仕事の傍ら、約20年にわたって下山事件に関する新たな情報を集めてきた。これからつづるのは、その取材記録だ。捜査に従事した東京地検の検事が書き残した手記、事件前日に怪電話を受けた元憲兵が秘匿していた「汚れ役」のこと、そして冒頭に記した老人の証言から浮かんできた「現場」……。

あの夏、下山が姿を消した東京の街は、荒涼とした占領期の記憶を封印するように、高層ビルで埋め尽くされた。1949年は遠い昔になった。しかし、謎の解明に挑むリレーはまだ終わっていない。


本文内の引用に関しては適宜旧字を新字に改め、ルビを補った。人名は敬称略とした。

下山事件　封印された記憶

目次

装幀／岡本洋平（岡本デザイン室）

カバー写真／下山国鉄総裁を轢断した機関車を検証する捜査本部員（1949年7月14日、提供・共同通信社）

下山事件　封印された記憶

第一章　初代国鉄総裁の失踪

総裁に課された「10万人の首切り」

朝のデパートに夏の日差しが降り注ぐ。車が行き交う大通りに面した赤い日よけの陰では年配の女性が一息つき、その前を白い日傘をさした女性が通り過ぎる。建物脇にある南口の車寄せでは、空調設備の低い排気音が響く。白い手袋をはめた誘導係が2人、路上に並んで客を待っている。2022年7月5日午前9時半。私は東京・日本橋の三越南口にいた。73年前のきょうの同じ時刻、ここで姿を消した下山定則の残影を追い求めて。

敗戦から4年、1949年の日本は、まだ占領下にあった。人々は流行歌の「青い山脈」や「銀座カンカン娘」を口ずさみ、長崎で被爆した医師・永井隆による体験手記『長崎の鐘』がベストセラーとなった。東京証券取引所が再開し、戦時中に姿を消したビアホールが復活するなど、明るい兆しが出始めていた。一方、覚醒剤「ヒロポン」の蔓延も社会問題化した。陰も陽もひっくるめて、人々が焦土から立ち上がろうとしていた時期だ。

人や物資を全国に行き渡らせる国鉄は、復興の大動脈だった。しかし、その実情はというと、駅舎や鉄道車両は空襲で傷みきっていた。一方で、多くの復員者や引き揚げ者を受け入れ、戦前は約20万人だった職員数が、約60万人に膨張。旧軍から工場や病院を引き継いだため、組織が肥大化していた。収支は赤字で、1948年度は一般会計から300億円を繰り入れて帳尻を合わせた。49年6月1日、行政機構の見直しで運輸省から切り離された国鉄は、設立早々に「公共企業体」として自力で収支の均衡を図ることを迫られた。それには、人員整理による経費節減が不可避だった。

そのような国鉄の初代総裁に就いたのが、運輸次官を務めていた下山だ。国政を牛耳っていたGHQが彼に課した最初にして最大の使命は「10万人の首切り」だった。「行政機関職員定員法」に従い、国鉄は9月30日までに、職員を約50万人にまで減らさなければならなかったのだ。当然、国鉄労働組合は反発する。4月に開かれた第6回大会では行政整理に断固として反対することを決議し、6月の中央委員会ではストライキをも含む実力行使を行うと決めた。この月には、労使の対立から首都圏でストが発生し、組合員が勝手に運行する「人民電車」が走る事態になった。

組織の規律は乱れた。『資料・下山事件』（下山事件研究会編、みすず書房）から、当時の国鉄副総裁・加賀山之雄《ゆきお》の言葉を借りる。「あのころの労働組合が鬼の首でも取ったような格好でしたから、いわゆる上からの業務命令とかそういうものはきかない。もとは鉄道関係は現場長、駅長とか区長とか、そういう人が非常に権威を持ってたもんなんです。従業員はおやじおやじといいまして、なつきましてね。これがまァ鉄道の一つの血の通ったといいますか、そういう運営の出来るカナメだったんですね」

7月1日、ついに国鉄当局は組合側に整理基準を通告する。翌2日には、組合との話し合い

下山定則（しもやま さだのり） 1901年7月23日、神戸市に生まれる。裁判官だった父親の転勤に伴い、少年期は千葉、山梨、静岡などを転々とする。旧制第三高等学校を経て東京帝国大学工学部機械工学科に入学。卒業後、鉄道省に入省。技術畑を歩み、名古屋鉄道局長、東京鉄道局長などを歴任。運輸次官を経て1949年6月、初代国鉄総裁となる。同年7月、47歳で死去（写真提供・読売新聞社）

の打ち切りを宣言。４日、第一次通告で３万７００人の解雇を組合に伝えた。そして……。

下山の自宅があった東京都大田区上池上町は、現在の大田区上池台にあたる。豊かな自然を残した洗足池《せんぞく》にほど近い住宅地だ。地形は起伏に富み、緩やかな坂道の両側に瓦ぶきの門を構えた邸宅や、磨き上げられた輸入車をとめた大きな家が並ぶ。

「もとは雑木林で、戦前にお屋敷町になったと聞いているよ。『ブルースの女王』の淡谷のり子さんの家があったし、近くには『喜劇王』のエノケン（榎本健一）さんも住んでいた。下山さんのお宅はウチのお得意さんだったんだ」。近所にある鮮魚店の店主が、気さくに話してくれた。下山の自宅跡には、すでに別の住宅が建っている。

下山がここに家を買ったのは戦時中、１９４２年のことだ。「その時の喜び方は大変なものだつた。朝出勤して来てとたんにいうことは俺の家には二階に風呂があると、非常に喜んで当時口を開けば家の自慢話であつた」。そんな記述が『下山総裁の追憶』（下山定則氏記念事業会編）という書籍にある。事件までの７年間、この家に住み、鉄道省の要職を歴任して戦後は官僚トップの運輸次官まで上り詰め、初代国鉄総裁へと転じたのだった。

迷走の足取り

下山事件が語られる上で繰り返し書かれてきたことだが、まずは下山が失踪する当日の足取りを『資料・下山事件』などをもとに振り返っておきたい。1949年7月5日、火曜日。上池上町の自宅で、茶わん2杯のご飯、みそ汁、半熟卵、お新香の朝食を済ませると、下山は午前8時20分頃、公用車に乗って出発した。運転手は国鉄職員の大西政雄、車は米国製41年式ビュイックだ。この朝、東京の天気は曇り、気温は24度だった。大西の証言によると、午前9時前には職場に着ける、いつも通りの出勤時刻だったという。

公用車は、中原街道を通って五反田、芝公園を通過。御成門付近に差しかかったとき、後部座席の下山が不意に、こうつぶやいた。

「佐藤さんのところへ寄るのだった」

佐藤とは、のちの首相・佐藤栄作のことで、当時は与党・民主自由党の政調会長を務めていた。佐藤が運輸次官だった時期に下山が東京鉄道局長だったことから、2人には交流があった。下山がたびたび佐藤の家に行っていたという関係者の証言もある。佐藤宅は、すでに通り過ぎた芝公園付近にあった。「引き返しましょうか」と聞いた大西に、下山が「いや、よろしい」

と答えたため、車はそのまま東京駅前の国鉄本社に向かった。

やがて車は和田倉門に近づく。右折すれば東京駅だ。ところが、下山が再び口を開いた。

「買い物がしたいから三越へ行ってくれ」「今日は10時までに役所へ行けばよいのだから」。ここから、公用車は下山の指示に従って「迷走」を始める。

東京駅北側の呉服橋ガード付近で、下山は「白木屋でもよいから真っすぐに行ってくれ」と大西に命じた。白木屋は日本橋交差点にあった百貨店で、呉服橋ガードの約６００メートル先にあった。だが、公用車が白木屋まで来てみると、扉は閉まっていた。「まだ開店しておりませんね」。大西が言うと、下山は「うん」とだけ返事をした。

公用車は日本橋交差点を左折し、日本橋を渡って三越まで来た。しかし、表にかかっている札には「九時半開店」とある。大西が「開店は9時半ですね」と言うと、下山は「うん」と答えた。「役所へ帰りますか」と聞くと、やはり「うん」と返事した。このとき、車はいったん、三越の脇を通り抜けている。

東京駅に向けて車を走らせていると、下山は不意に「神田駅に回ってくれ」と指示した。東京駅とは反対の方角だ。大西は神田方面にハンドルを切り、神田駅の西側までできたところで「お寄りになりますか」と聞いた。下山は「いや」と答えたという。

次の行き先の指示はなかった。国鉄本社に行くものと思った大西が、再び日本橋方向に車を走らせていると「右へ回ってくれ」。先ほど通過した呉服橋ガードを反対側から抜け、国鉄の手前までくると、今度は「三菱本店へ行ってくれ」。三菱本店とは当時、戦後の財閥解体で「千代田銀行」という名になっていた三菱銀行のことだ。国鉄の前を過ぎるときは「もう少し早く行け」と命じられたため、大西は速度を上げて走り過ぎたという。

到着すると、下山は手提げカバンを車内に置いて、手ぶらのまま銀行に入っていった。千代田銀行内での下山の動きは、こうだ。「金庫係窓口に来られ一寸《ちょっと》両手を上衣のポケットに差込み『洋服を着替たので鍵を忘れた』と申され予備鍵を受取り地階の金庫に行き、自己の貸金庫を開かれ間も無く封印して係員に鍵を渡して帰られた」。20分ほどして、下山は入っていったときと同じように手ぶらで銀行から出てきた。車に乗り込むと「今から行けば、ちょうどよいだろう」と言った。

大西は車を走らせ、三越南口につけた。下山は、銀行に立ち寄ったときと同じように、カバンを車内に置いたまま入り口に向かった。2、3歩でいったん引き返し、「5分ぐらいだから待っていてくれ」と大西に言い残し、店内へと姿を消した。車に残されたカバンには、弁当（米、魚の油炒め、小魚の佃煮）と箸箱、国鉄関係の書類が入っていたという。

そのとき午前9時35分頃になっていたと、大西は証言している。自宅を出てから約1時間15分後、下山は三越南口で公用車を降り、消息を絶った。

下山総裁を乗せた公用車の迷走ルート

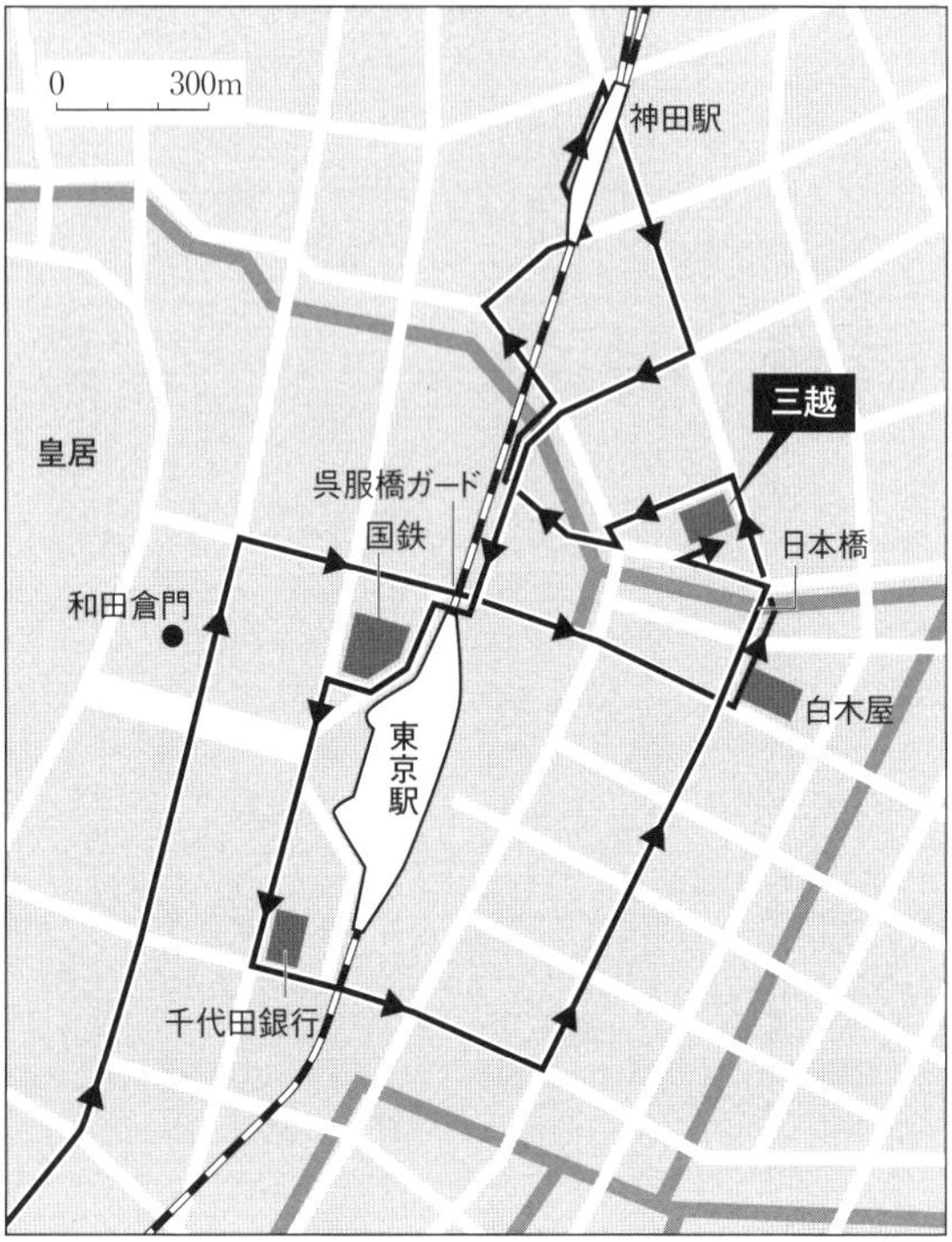

　東京駅に近づいてからの、下山を乗せた公用車の不可解なドライブ。誰か人を探していたのか、尾行にでも気づいてまこうとしたのだろうか。あの朝、下山が次々に立ち寄った場所は、わずか東西５００メートル、南北１５００メートルほどの狭いエリアに収まる。この事件の謎と出会って以来、私は事件の手がかりを求めて、一帯を何度となく歩き回ってきた。

　下山の勤め先だった国鉄本社は、東京駅丸の内駅前広場に面して建っていた。いまは再開発され、オフィスや商業施設などからなる「丸の内オアゾ」となっている。赤レンガ駅舎を出た通勤客が、丸の内オアゾに向かって横断歩道を渡ってくるシーンは「都心猛暑」や「東京に木枯らし1号」を伝えるニュース映像などで、見覚えのある人も多いだろう。国鉄本社とともに、広場を囲むように建っていた丸ビルや東京中央郵便局も高層化され、昔の姿をとどめるものは赤レンガ駅舎ぐらいしかない。もっとも、その駅舎でさえ、空襲で焼失したドーム屋根と3階部分が2012年に復元され、当時の下山が見ていたであろう東京駅とは少し異なっている。

白木屋は日本橋交差点に面して店を構えていた。東急の傘下に入ってからは「東急百貨店日本橋店」となり、1999年に閉店。跡地には現在、飲食店や衣料品店などが入る高層ビル「コレド日本橋」が建っている。下山事件が起きた1949年7月、読売新聞には白木屋の広告がたびたび載っている。「放出綿布が入荷致しました」「放出かん詰普及展」……。物資の乏しい時代、下山はここで何かを買い求めようとしたのか、あるいは別の用件があったのか。

神田駅は、三越本店から北へ500メートルほど離れたところにある。駅のホームはレンガ造りの高架上にあり、その下には飲食店が連なる。下山が公用車で通った神田駅西口は、入り組んだ道沿いに商店が密集する繁華街で、いまでは居酒屋やカラオケ店が並ぶ。この20年で、店の顔ぶれはずいぶん変わった。南洋風のカレーが名物だった洋食店や、湿っぽいガード下にあった飲み屋やゲームセンターも消えた。占領期の名残は赤レンガの高架ぐらいだろう。

下山が「三菱本店」と呼んだ千代田銀行とは、2023年現在も同じ場所にある三菱UFJ

銀行本店を指す。１９８０年に現代的なオフィスビルに建て替えられたが、道路を挟んで向かい側には、赤レンガの明治建築「三菱一号館」が復元されている。

三越本店南口は、本館と新館を隔てる道路に面している。当時、南口の車寄せには駐車場があった。その後、駐車場をつぶす形で建物が増築されたため、当時の南口は、現在の1階南側の高級ブランド店あたりにあったとみられる。南口から店内に入ると、正面に中央ホールがある。ホールにある階段は上階と地階につながっている。三越本店は地上7階建てだが、戦時中に売り場が地階～3階に縮小され、4～7階は貸し事務所となった。「昭和17年に、国策により戦時統制会などの使用にあてるため供出していた」（『株式会社三越１００年の記録』三越本社編）ためで、6階の三越劇場が再開したのは１９４６年、4～6階の供出部分が返還されたのは下山事件翌年の１９５０年のことだ。

空白の15時間

さて、公用車が迷走していた頃から、国鉄本社では徐々に騒ぎが大きくなっていた。秘書はいつものように裏門で下山の到着を待っていたが、普段は午前8時45分から午前9時までに入ってくる公用車が現れない。やがて局長会議が開かれる午前9時を過ぎた。秘書が下山の自宅に電話したところ、妻は「いつもの通り自宅を出ました」と言う。手分けして下山が立ち寄りそうな官庁に電話をかけるが、どこにもいない。午前11時にはGHQに出向いて先方の幹部と会談する予定もあったが、やはり姿を見せないままだ。国鉄から連絡を受けた警視庁は、公用車の行方を探し始めた。

下山が姿を消したまま、午後5時になった。三越の駐車場で待つ運転手の大西は、車内のラジオをつけて、驚いたという。下山と自分が行方不明になっているとのニュースを耳にして、国鉄へ連絡。国鉄から公用車と大西の居所を伝えられた警視庁は、三越に駆けつけて捜索した。しかし、下山はどこにも見当たらない。店内へ消える後ろ姿を大西が見送ってから、警察が三越へたどり着くまでに、もう7時間半以上が経過していた。

大西の連絡以降、有力な手がかりのないまま、夜は更けていく。やがて、日付が変わった。そして——。

6日午前0時26分、常磐線綾瀬駅（東京都足立区）に上野発松戸行き最終電車が到着した。運転士はホームに降りると、駅の助役に伝えた。「轢死体らしいものがあるから調べてもらいたい」。綾瀬駅の手前、常磐線が東武線のガードをくぐった先の線路内に、赤色っぽいものが落ちているのが見えたという。

駅員が見に行ったところ、人の腕や足首、胴体、ワイシャツや裂けた革靴などが約90メートルにわたって、線路の周りに散乱していた。落ちていた財布には下山の名刺や、下山名義の国鉄乗車証などが入っていた。知らせを受けた警察や検察、国鉄関係者が現場に駆けつけ、秘書が下山の死体であることを確認した。

消息を絶ってから、変わり果てた姿で見つかるまで、約15時間。空白の時間、下山の身に一体、何が起きたのだろう。

下山総裁の遺体が見つかった五反野の現場周辺（1949年7月）。当時は農地だった場所に現在は公園がある（写真提供・読売新聞社）

下山の死体が見つかった場所は、現在の五《ご》反《たん》野《の》コミュニティ公園（足立区西綾瀬）付近の線路内だ。三越本店からは直線距離で約9キロ、線路の南側には広大な東京拘置所がある。入り組んだ道路に沿って住宅やアパートがひしめく街で、公園からは子供たちの楽しそうな声が響き、買い物帰りの高齢者がのんびりと自転車を走らせる。

当時は農地が広がり、築堤上を常磐線が走るのどかな郊外だったが、今は市街地に変わっている。常磐線の両側に東京メトロ千代田線とつくばエクスプレスが並行し、高い防音壁の向こうを電車が頻繁に行き交う。

公園の東端付近にある常磐線のガード脇には「下山国鉄総裁追憶碑」がある。私が足を運んだ日は、新しい缶コーヒーや花が置かれていた。下山事件はもう、ほとんどの人にとって縁のない古い時代の出来事なのに、誰が供えたのだろうか。石碑の中央には、白黒写真が貼られている。小さな手作りのフレームの中で、丸メガネに「八」の字のまゆの下山が、こちらを見ていた。

現場に残された不可解な痕跡

もう一度、1949年7月6日に戻る。下山の遺体が散乱する現場に早朝、東京都監察医務院の八十島信之助《やそしましんのすけ》医師が赴いた。八十島が調べたところ、切断面には、生きた人間が傷を負ったときに傷口から出血する「生活反応」があまり見られなかった。にもかかわらず、八十島は「轢死」と判断した。つまり、生きていた人間が列車に轢かれて死亡したという意味だ。判断理由は「法医学の教科書等を見ましても、鉄道の死体には必ずしも生活反応は著しくはないと書いてあります」（『資料・下山事件』）ということや、死後一定時間経つと血液が重力で沈下してできるあざ（死斑《しはん》）が見られなかったことが挙げられた。

これに対し、別の専門家が、八十島と全く異なる結論を出す。「死後轢断」。これは、死体が列車に轢かれたことを意味する。東京地検の依頼で6日午後1時40分頃から死体を解剖した東大医学部の桑島直樹博士の見立てである。列車に轢かれたときにできたと思われる多数の傷に生活反応がなかったことが理由とされた。さらに桑島は、死体の性器に生前にできた出血を伴う傷があることから「死因として最も考えられ易いのはショックである」として「他殺」と推定した。

解剖では、胃に何も残っておらず、最後に食事を取ってから死亡するまでに、数時間から十数時間経っていることも明らかになった。死後経過時間は、解剖を始めた時点で15～16時間と推測された。これに従えば、死亡推定時刻は5日午後9時40分～午後10時40分で、のちに下山を轢いたと確認された貨物列車が現場を通過した時刻（6日午前0時19分）よりも、1時間半以上前に死んでいたことになる。

この時点で、他殺の線についてはは確定したようにも見える。ところが――。

警視庁が現場の五反野周辺で聞き込みをしたところ、住民から「（失踪した）7月5日に下

下山総裁の遺体が発見された現場を検証する捜査員（写真提供・共同通信社）

山に似た人物を見た」という目撃証言が寄せられた。そればかりか「似た人物が休憩していった」と話す旅館も現れた。下山が自分の意思で五反野へ行き、自殺した可能性を示す情報だ。さらに、「自殺」であると主張する法医学者まで出現した。死体の性器にあった「出血を伴う傷」は、生きている人が列車に轢かれた際に見られる特徴だという主張だ。

一方、死体発見現場では、不可解な痕跡が見つかった。下山の上着やワイシャツ、ズボン、下着、靴下には、機関車に使われている鉱物油とは異なる油が染み込んでおり、東大で調べたところ、ヌカ油だったことがわかった。『文藝春秋』１９７３年８月号「機密文書　下山事件捜査報告」によれば、衣類への付着量は３００グラムに及ぶ。油は上着にはほとんど付着しておらず、多くはズボンや下着、ワイシャツ、靴下に染み込んでいた。衣服には緑色や赤色などの塩基性染料も、わずかに付着していた。染色工場などで使われていた染料だ。もし自殺だとすると、ヌカ油や染料のある場所で、それらを衣類に付着させてから、下山は列車に身を投げたことになる。

靴にも奇妙な痕跡が残されていた。靴下にはヌカ油が染み込んでいたのに、靴の内側に油はなかった。右の靴は中央部から大きく裂けているのに、その部分にあたる右足に傷はない。「靴を脱がせて死体のそばに置いてひかせたような壊れ方」と、靴と足の状態を表現したジャーナリストもいる。現場では、下山が常にかけていたメガネが見つからず、ネクタイも発見できなかった。

このように関係者の証言、証拠が入り乱れる中、捜査機関や新聞社の見解は真っ二つに割れた。殺人事件などを扱う警視庁捜査一課は自殺の線で捜査を進め、新聞社では毎日新聞が自殺説に立った。東京地検と、組織犯罪などを扱っていた警視庁捜査二課は他殺説をとり、読売新聞や朝日新聞が他殺説を支持した。異例の展開だ。

結局、警視庁の捜査本部が捜査結果を公表しないまま、事件から15年後の1964年（昭和39年）に下山事件は殺人罪の時効を迎えた。下山は自殺したのか、殺害されたのか。公式見解といえるものは、今なお存在しない。

警視庁捜査本部の会議（写真提供・共同通信社）

結果的にそうなったのか、これが意図されたものなのかは分からないが、下山事件は労働運動に打撃を与えた。国鉄労働組合の副委員長だった鈴木市蔵は、『下山事件前後』（五月書房）にこう記す。

「この突発事件はわれわれの計画、宣伝戦で『世論を味方』にというぅ戦術を根底からつき崩す衝撃となってはねかえってきた。（中略）『街はデマで一杯だ。まったくこまったことだ。これは生易しいこととじぁねえ、国鉄、やりあがったなぁって、こうだ。誰でもそういっている。いいたそうな顔をしている（中略）』現場からかけつけてきたという年輩の組合員の声を背に受けて、その日の朝、私は中闘の連絡会を開いた」

国鉄当局は事件後、10万人の人員整理を計画通りに完了させた。労組の抵抗による大きな混乱は起きなかったとされる。

国鉄と同じように人員問題を抱えていた民間企業にとって、下山事件は「追い風」となった。東芝社長だった石坂泰三は１９５９年（昭和34年）の朝日新聞の記事の中で、こう明かしている。

「実はぼくの整理断行の決意をさらに勇気づけてくれたのが、ほかならぬ下山事件だった。あの事件に接したとき、ぼくはこれは組合にとって大きなマイナスだ。これならうちの整理も断行できると感じて、大いに勇気を起した」

吉田茂首相はこんな声明を発表した。下山事件に続いて、国鉄三鷹駅で無人電車が暴走して26人が死傷する三鷹事件が起きた直後のことだ。「社会不安が一部労働組合の険悪な気配や無節制な挑戦的態度によつて醸発されていることは見逃しえないところであり、これは主として共産主義者の扇動によるものである。（中略）小勢の共産党などもとよりわれらの敵ではない。彼らは危険分子である」（『読売新聞』１９４９年7月17日）

政治色が濃厚な、下山の死の動機や背景は、当初からさまざまな推察を呼び、議論の種になってきた。国鉄の人員整理を苦にした自殺だったのか。それとも、人員整理に反対する労組左派による暗殺だという当初からのうわさ通りだったのか、あるいは……。

事件当時から現代に至るまで、多くのジャーナリストが下山事件に引き寄せられ、謎の解明に挑んできた。元共同通信記者の斎藤茂男は、下山事件の取材記録をつづった『夢追い人よ』（築地書館）で、そんな人々のことを「下山病」と呼んだ。ある1冊の本に出会うまで、私もそこに連なることになるとは思いもしなかった。

第二章　発見された「ガリ版資料」

古雑誌に紛れ込んだ捜査資料

私が下山事件を追い始めたのは2003年、初任地の横浜の書店で『葬られた夏――追跡下山事件』（諸永裕司著、朝日新聞社）を手に取ったのがきっかけだ。私は入社4年目の記者だった。下山事件といえば「戦後の国鉄三大事件の一つ」くらいの知識しかなかったが、自殺説と他殺説の決着がついていないことや、不可解な痕跡がいくつもあることを初めて知り、強く興味を持った。

作品に漂う「敗戦の香り」にも強くひかれた。というのも、私が駆け回っていた頃の「ハマ」の街角には、どこか暗さを帯びた「敗戦の香り」が、かろうじて残っており、そうした消えゆくものに記者として愛着を感じていたからだ。旧日本海軍の飛行機格納庫を流用した「神奈川スケートリンク」、横浜大空襲で被災し、廃虚のような姿をとどめていた京急線の旧平沼駅跡、元町の中村川に不法係留された、古い上陸用舟艇を流用したボートハウス……。旧日本海軍の航空機を開発した「海軍航空技術廠《しょう》（空技廠）」（神奈川県横須賀市）の旧本庁舎が解体されるのを知ったときには、その歴史的な価値や、空技廠出身の技術者たちが戦後の航空産業や鉄道産業に貢献したことを伝える記事を書いたこともあった。占領下に起きた下山事件も、それらとどこかでつながっているように思われたのだ。

下山事件の謎に挑むジャーナリストの輪に加わるようなつもりで、仕事の傍ら、取材を始めた。情報公開制度を使って米政府が保管する占領期の公文書を取り寄せてみたり、下山事件を捜査した元検事に話を聞くため、自宅を調べて訪ねてみたりもした。なかなか、めぼしい成果がないまま、３年が過ぎた。私は東京本社に異動になり、長期連載「教育ルネサンス」を担当していた。その本業に打ち込みながら、ひそかに下山事件を追っていたのだった。いつものように会社で新聞を走り読みしていたあるとき、ある記事に、急速に心拍が高まった。

「下山事件　貴重な資料展示　遺族の証言、捜査報告書掲載誌」。２００６年5月10日の読売新聞朝刊都民版だ。記事はこう始まる。

「占領下で発生し、下山定則・国鉄総裁の死を巡って自殺か他殺かで大論争を呼んだ『下山事件』の関連資料などが、事件現場に近接する足立区五反野コミュニティセンター（西綾瀬２）

で展示されている。下山氏の妻の証言が書かれたガリ版刷り文書や、捜査本部の報告書を掲載した雑誌など、いまは目にする機会が少ない貴重な資料が並ぶ」

なかなか面白そうな展示だ。さらに読み進む。「博物館が古書店から購入した、捜査に関するとみられるガリ版資料6点と事件を扱った雑誌8誌を公開している。（中略）ガリ版資料のうち、会議資料と思われるのは『他殺、自殺の根拠や疑問点』や『事件その後の捜査経過』など……」

古書店から購入した会議資料と思われる文書？　なぜ、そんなものが古書店で売られていたのだろう。いったい何が書いてあるのか。こうしてはいられない。会社を出て、展示会場に向かった。

会場の五反野コミュニティセンターは、下山事件の展示にふさわしい場所にあった。なにしろ目の前はまさに遺体発見現場で、五反野は下山が行方不明になった日の午後、「下山のような人物」が目撃された地域だ。

目当ての展示品はショーケース内にあった。「足首、靴、靴下止　散乱状況」「自殺に非ずとする下山総裁夫人の供述」などなど……。黄ばんだ紙には手書きの文字が印刷されている。全部で12枚あり、見た限り、確かに捜査資料のようだ。時間を忘れて資料に見入った。展示を担当した学芸員は、次々と質問を投げかける私に、きちんと応対してくれた。持ち帰らせてもら

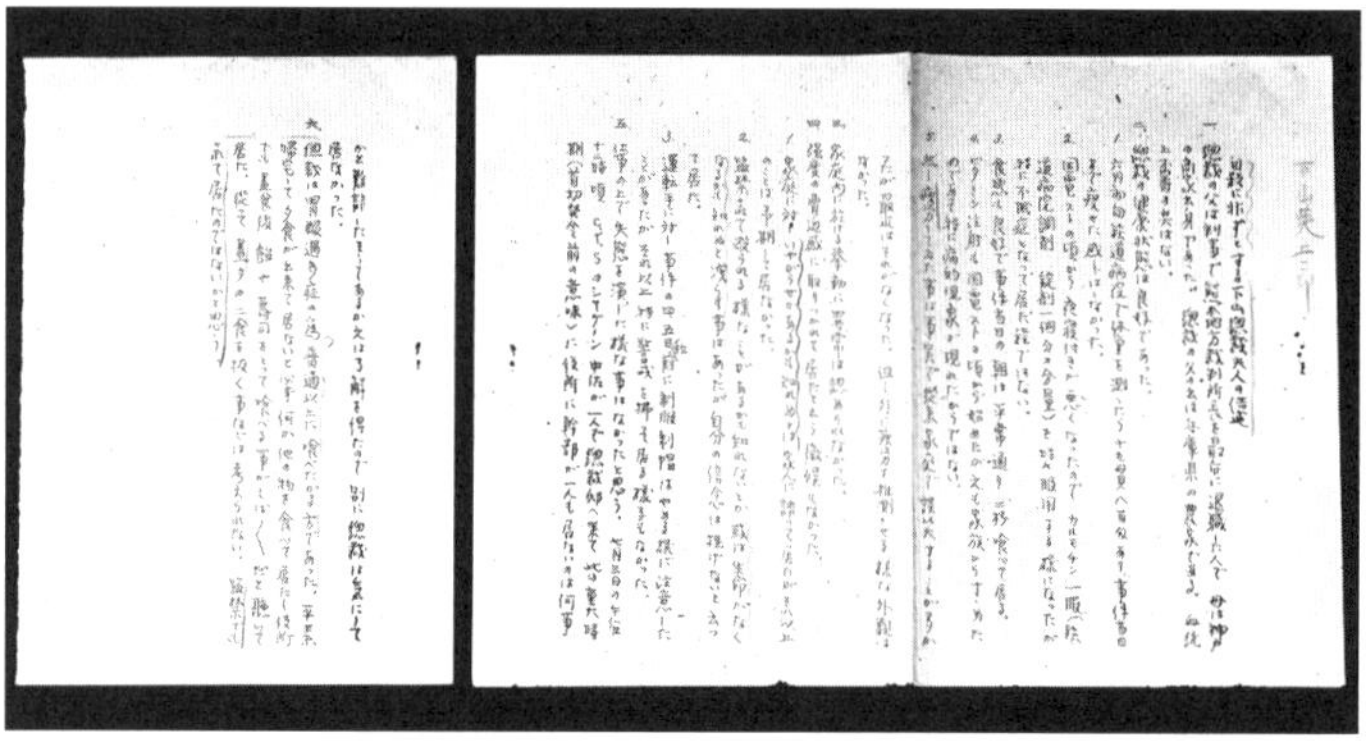

下山事件の捜査書類とみられる「ガリ版資料」（足立区立郷土博物館所蔵）

ったガリ版資料のコピーは、何度となく読み返した。ようやく下山事件の取材が大きく進みそうな予感がした。

それにしても、捜査資料のようなものを、どうやって入手したというのだろう。2022年10月、16年前の展示を担当した足立区立郷土博物館の多田文夫学芸員に、私は改めて、ガリ版資料の入手経緯を聞かせてもらった。

「足立区は下山事件の現場なのに、博物館には事件に関する資料がなかった。そこで、下山事件に関する記事が載っている昭和20年代の雑誌『改造』と『中央公論』を、広島県内の古書店から買って取り寄せました。確か、送料込みで1000円か2000円だったと思います。その雑誌に挟まっていたのが、ガリ版資料でした。『えーっ、なんだこれは』って、びっくりしましたよ」

予期せぬ「オマケ」に驚いて、多田は古書店に問い合わせた。「雑誌を仕入れたとき、すでに資料が挟まっていたので、そのまま送った」との説明だった。仕入れ先までは、古書店が明かさなかったという。もし、この雑誌の購入者が博物館でなければ、ガリ版資料は存在を知られることもないまま、どこかの書棚で静かに眠っていたかもしれない。偶然に驚くほかない。

「下山事件が起きた時代は、公文書の管理も緩く、関係者が自宅に保管することも珍しくなかったのでしょう。やがて文書の持ち主が亡くなり、家族が遺品整理で雑誌を古書店に売ったとき、ガリ版資料が紛れ込んだのだと思います」と多田は語る。

捜査一課による「下山白書」の信用性

下山事件の捜査資料といえば、通称「下山白書」が知られている。精神不調による自殺を匂わせる内容で、正式名称は「下山国鉄総裁事件捜査報告」という。事件の翌年、雑誌に掲載された文書だ。事件当時の警視総監だった田中栄一は後年、下山白書が警視庁の内部文書であったことを認めている。「この報告書は、捜査一課が、一課としての見解をまとめたもので、それを刑事部長が、総監である私のところへ参考として提出したものである」。そんな記述が『資料・下山事件』にある。

迷宮入りし、公式な捜査結果が発表されなかった下山事件で、自殺説に立つ白書だけが「公式発表」のような位置づけとなり、今日までさまざまな文献に引用されてきた。しかし、自殺を一方的に匂わせる下山白書には、当時から厳しい批判もあった。事件翌年の1950年7月6日の読売新聞の社説は痛烈だ。

「その内容を通覧すると明かに捜査本部で作成されたものであり、かつ故意に他殺資料を無視し、遮二無二自殺資料をデッチ上げようとする意図をもつて記されている。（中略）世人に自殺説を印象づけようとする陰謀だといつて過言ではないであろう」

さて、この二つの資料を並べて読み比べたところ、ガリ版資料には、白書に載っていない情報や、白書との食い違いがいくつもあることに気づいた。「下山白書に書かれていることは信用できるのだろうか……」。そんな疑問が湧いた。私はガリ版資料を手がかりに、いくつかの関連書籍の記述も援用しながら、下山白書を検証してみることにした。

ガリ版資料は、8点からなる。それぞれのタイトルは次の通りだ。

（1）他殺、自殺両見地から事件を見た場合の根拠、疑問点について

（2）下山事件その後（七月二十一日第一回合同捜査会議以降）の捜査経過

（3）足首、靴、靴下止　散乱状況
（4）機関車気圧放出試験
（5）下山総裁を轢過した機関車を使用して行った試験結果
（6）7月4日に於ける下山総裁の行動（大西運転手の供述に依る）
（7）7月5日に於ける下山総裁の行動（大西運転手の供述に依る）
（8）自殺に非ずとする下山総裁夫人の供述

まず、事件当日の下山の足取りの比較から始めよう。下山が行方不明になる直前、丸の内や日本橋、神田周辺の狭いエリアのあちこちを、公用車で巡ったのは第一章で書いた通りだ。街角に防犯カメラなど付いていなかった時代、「迷走」とも思える走行ルートを裏付けるものは、ハンドルを握った大西政雄運転手の証言だけだ。ガリ版資料と下山白書には、いずれも大西証言に基づく下山の事件直前の行動が記録されている。

まず、下山白書には、次のように記されている。

午前8時20分頃、下山は大田区上池上町の自宅を出発した。御成門を通り、東京駅前ロータリー付近で「買物がしたいから三越へ行ってくれ」と大西に指示する。東京駅北側の呉服橋ガード付近に来ると「白木屋でもよいから真直ぐに行ってくれ」と指示を変えた。白木屋前まで来ると、開店前だったので、そのまま三越本店へ行った。三越も開店前だったために通過し、国鉄本社に向かったが、今度は「神田駅に廻ってくれ」と指示する。神田駅まで来ても下車せず、大西が再び国鉄本社を目指していると、「三菱本店へ行ってくれ」。千代田銀行に着くと、20分ほど立ち寄った。そして「今から行けば恰度《ちょうど》よいだろう」と三越へ向かい、午前9時37分頃に到着。下山は南口から店内に入り、そのまま行方不明になった。

続いて、ガリ版資料「7月5日に於ける下山総裁の行動（大西運転手の供述に依る）」を見てみる。午前8時20分頃に下山宅を出発。品川、御成門を経て、東京駅前ロータリー付近まで来たとき、下山は「日本橋の三越へ。一寸買物がある」と指示した。開店前だった白木屋と三越本店を通過し、神田駅を回った後、東京駅付近で「三菱へ行け」と命じる。千代田銀行で約25分停車した後、京橋経由で三越本店に向かい、「午前9時30分頃」に三越南口へ到着した。

ガリ版資料は「下山邸（午前8時20分頃発）―（12分）→品川―（3分）→三田―（4分）→御成門」など、時間の経過を下山白書よりも詳しく記述した部分が目立つ。末尾には、こんな注釈もついている。

1．本省　下山邸間の距離約14km　所要時間25分

2．7月5日の三越本店到着迄の所要時間70分30秒　従って下山邸出発時刻を8時20分とす

れば三越着は9時30分30秒となる
3．大西方から三越に総裁が下車する迄の走行距離34km

捜査当局が公用車の移動距離と時間経過を検討し、大西の証言に時間的な矛盾がないか、念入りに確かめた形跡を読み取ることができる。

二つの資料を比較すると、自宅を出発した時刻、立ち寄った場所、走行経路、下山が繰り返した指示変更の主旨など、肝心な点において一致している。指示の言葉遣いはいくつか違うし、立ち寄り先への到着時刻にも数分のずれが複数あるが、下山宅から三越までの足取りと時間は「大筋で一致する」と言えそうだ。

大西運転手の不可解な行動

ここからは、二つの資料から少し離れて、下山が三越で公用車を降りてからの大西運転手の行動を、関連文献をもとに再現しておく。大西は、下山を降ろした三越南口の駐車場で下山の帰りを待った。昼が過ぎても下山は戻らない。刻々と時間が過ぎる。やがて午後5時になり、カーラジオをつけた。流れてきたのは、下山が行方不明になったとのニュースだ。大西は驚いて国鉄本社に電話をかけ、三越南口にいることを報告した。国鉄から連絡を受けた警視庁の捜査員が駆けつけた。

大西は当然、何らかの事情を知っている可能性を疑われ、それから二週間以上にわたって警視庁や東京地検の聴取を受けた。走行経路を大西に再現させる検証も行われた。

「七月一七日。この日午前、久しぶりに大西運転手が総裁専用車のハンドルをにぎっている。佐久間検事、金原係長、鈴木主任らをのせ、七月四日と五日下山総裁が走った同じコースを運転した。この車には、もう一台の随伴車がつき、そのほうには布施検事と、捜査二課二係の浅野警部補が同乗し、コースを視察、大西運転手の説明をうけた」（『下山事件全研究』佐藤一著、時事通信社）

大西は結局、嫌疑なしと判断され、それ以上捜査されることはなかった。

しかし、下山を三越で降ろした後の大西の行動は、どこか釈然としない。下山が三越に消えた後、大西は7時間半もの間、どこにも連絡せずに待ち続けた。「5分くらいだから待っていてくれ」と言われ、車内には昼の弁当の入ったカバンが残っていたにもかかわらず、だ。下山が組合の反発を押し切って人員整理を断行していることや、労働運動が先鋭化した不穏な時期だったことは大西も熟知していたはずだ。手ぶらで降りた下山が長時間戻らないことに何の疑問も持たなかったのだろうか。

そして大西は、カーラジオのニュースで下山の行方不明を知ったとき、直ちに国鉄に電話連絡せず、6階の三越劇場まで捜しに行っている。「南口からはいると右側にエレベーターがあったので、直通で六階まで行きました。六階には三越劇場があって、ここはよく知人ときていたことを知っていたからです」（『謀殺 下山事件』矢田喜美雄著、新風舎文庫）。しかし、下山は車を降りる際、「三越劇場」とは、ひと言も発していない。出社前に三越に立ち寄り、そのまま夕方まで観劇していることは、常識的にはあり得ないはずだ。この大西の行動には、強い違和感を禁じ得ない。

いったい、大西運転手とはどんな人物だったのだろうか。事件当時、大西は国鉄三級技官という肩書で、東京・築地の官舎で妻と暮らしていた。その人物像を、下山白書はこう記す。

「勝気であるが上司の命に服し勤務は精励恪勤《せいれいかっきん》で素行上兎角《とかく》の悪評なく酒を好まず婦人の醜関係はない（中略）国鉄に勤めて以来約二十年、其の間交通事故等起した事実もなく上司よりの信望篤く、ために総裁専属の運転手に選任された」

事件後の大西の消息は、出版された文献では確認できない。私が手に入れたある資料には、国鉄を辞めてほかの会社に移ったとある。なぜか名前も変わっていた。

さて、資料の検証に戻ると、三越に到着してからの大西の行動に不可解さは残るが、三越までの謎のドライブについては、事実と考えてよさそうだ。下山白書とガリ版資料に記された足取りは、長時間に及ぶ聴取や現場検証の要点をまとめたものとみられる。複雑で、意図の分からない迷走を、大西が捜査員たちの前で再三、間違えることなく証言してみせたから、どちらの資料にも一致する内容が記されたのだろう。それは、大西の証言が、捜査機関から「事実」と認定されたことを意味する。下山はその朝、二つの資料に書かれた通りのルートをたどって三越に行き、姿を消したのだろう。

事件前日の足取りの食い違い

次に、事件前日の下山の動きを比較してみたい。7月4日、下山を乗せた公用車は朝から晩まで、官庁街をめまぐるしく動き回った。その足取りには、翌日の「謎のドライブ」から事件発生までの背景を理解するヒントがあるように思える。

7月4日は大きなニュースが世間をにぎわした。国鉄当局が午後、第一次通告で3万700人の解雇を組合に伝えたのだ。労使の緊張状態は最高潮に達した。当時の読売新聞には、組合の猛反発がうかがえる記事が並ぶ。「中闘、三たび交渉申入」「〝狂気の沙汰だ　断固闘う〟鈴木副委員長談」……。

この日はアメリカの独立記念日でもあり、皇居前広場では午前10時から、GHQに君臨するマッカーサー元帥が臨席して記念式典が開かれた。敗戦国の首都で、戦勝国が記念日を盛大に祝う。この国を統治しているのが誰か、人々は改めて思い知らされたことだろう。

下山白書が記す4日の足取りは次の通りだ。下山は午前8時16分頃、公用車で自宅を出発、約30分後に国鉄本社へ到着した。午後0時40分頃、国鉄本社を出て公用車で総理官邸、外相官邸、人事院を回り、日本橋の薬局に立ち寄って午後3時前に国鉄本社へ帰着する。再び外出し、警視庁、法務府、総理官邸、東京駅国鉄公安局長室、東京日本交通協会の順に回り、国鉄本社に到着した。午後9時45分に国鉄本社を出て帰宅した。

一方、ガリ版資料「7月4日に於ける下山総裁の行動（大西運転手の供述に依る）」にはこうある。午前8時25分か30分頃に公用車で自宅を出発し、約30分後に国鉄本社へ着いた。午前11時半か午後0時半頃、総理官邸に出向き、外相官邸へと移動する。人事院、日本橋の薬局を経由し、国鉄本社には午後3時前後に着いた。すぐに出発し、警視庁、法務府、総理官邸、新橋駅を回って東京駅へ。そこに30～40分滞在し、鉄道協会を経由して国鉄本社に到着。午後9時45分頃に国鉄本社を出て帰宅した。

訪問先と順番は、下山白書とおおよそ一致する。しかし、この日の足取りについては、下山白書とガリ版資料の記述に、決して見過ごせない違いが二つある。1点目は「昼頃に下山が政府要人と会っていたかどうか」だ。下山白書にはこう書かれている。

午後零時四十分頃　国鉄本省より総理大臣官邸へ
同零時五十分頃　右官邸より目黒の外務大臣官邸へ
同一時頃　外務大臣官邸より人事院（旧内務省）

現在の港区白金台にあった外相官邸は当時、吉田茂首相が執務場所に利用していた。１９３年（昭和８年）に朝香宮邸として建てられた洋館で、現在は東京都庭園美術館になっている。千代田区永田町の総理官邸からは直線距離で約５キロあり、いまの道路事情だと車で約15分かかる。総理官邸と外相官邸での下山の滞在時間を、白書は移動時間込みで約10分としている。昭和20年代ということを差し引いても、あまりに短い。誰かと面会した可能性は限りなく低く、到着した直後に次の目的地へ向かったかのようなスケジュールだ。

自殺説に立つ下山白書は、下山がすでに精神不調に陥っていたとの見方を漂わせ、４日の行動を次のように総括する。「当日午後三時半国鉄行政整理第一次発表に際し当日の足取りは少しも計画的な点はない　瞬間瞬間に気持が変って居り又訪問先の面接者の調べにある如く総裁自身訪問すべき何等の重要なる要件は認められない。其の態度は常規《マ》を《マ》失している」

ところが、ガリ版資料には、まるで違うことが書いてある。

本省発（午前11時半か午后０時半頃）―（距離３㎞所要時刻６分）→総理官邸（約30‐40

分にして増田長官と出て来て長官の車に同乗し外務官邸に向う）―（6㎞、10分）↓目黒外務官邸（30－40分して一人で出て来て人事院へと云う）

総理官邸と外相官邸には、それぞれ30～40分滞在し、総理官邸から外相官邸への移動は増田甲子七《かねしち》官房長官の車に同乗したというのだ。下山が総理官邸で増田官房長官と面会し、その後は2人そろって吉田首相のいる外相官邸を訪ねた――。そんな足取りを推察できる記述だ。時間的にも不自然さはない。

同じ大西運転手の供述からまとめられたにもかかわらず、下山白書とガリ版資料で、描き出される情景が全く異なる。これは、5日の公用車ドライブの記述にはなかった不思議さだ。

果たして下山は、総理官邸や外相官邸を、白書が記すように「常規を失した態度で無計画に転々とした」のか、ガリ版にあるように「30～40分ずつ滞在し、官房長官と行動を共にした」のか。ほかの文献から検証してみたい。

「なかったこと」にされた吉田首相との面会

当時の読売新聞によると、増田官房長官は7月4日正午に総理官邸で記者会見をしている。

そして午後1時には、吉田首相が「大磯より帰京して外相官邸に入りまず増田官房長官と打合せた」とある。ガリ版資料は下山が総理官邸を訪ねた時間帯を「11時半か午後0時半頃」としており、それは増田官房長官が記者会見のために総理官邸にいた時間帯だから、つじつまが合う。増田が下山と連れ立って外相官邸を訪れたとの記述も、吉田首相と増田官房長官の打ち合わせが午後1時以降に外相官邸で行われたという記事との整合性がある。

平正一の『生体れき断――下山事件の真相』（毎日学生出版社）には、この時間帯の下山の足取りについて、こう書かれている。

「午後零時四十分、専用車で外出。昼食はとらなかった。行先は総理官邸である。増田甲子七官房長官と会見、整理問題について報告。増田長官には、二日前、労組の共産系指導者一七名を第一次整理に含めるよう強く要請されていた。しかし、第一次整理にはその一七名のうち、一名の名前もはいってはいなかった。『ともかく、総理にも報告しておかなくてはいかん』増田長官は総裁をうながして目黒の外相官邸に向った。吉田首相は当時外相を兼ねており、当日その官邸にいたからである。官邸には多くの面会人が待っていた。一五分ばかり待ったところで、総裁は突然『一時から重要会議を開くことになっているので……』と、いい残してサッサと官邸を退出した」

下山が総理官邸で増田に面会した後、一緒に外相官邸を訪ね、しばらくして下山が一人で出てくるという経過は、ガリ版資料が記した足取りにピタリと一致する。

増田が下山を伴って吉田首相のもとへ急いだ理由も、納得できる。国鉄の人員整理において、事前の指示に反して共産系指導者17人をリストに載せなかったという下山の報告内容を、吉田内閣は容認し得なかったはずだ。吉田の回想録『回想十年（中）』（中公文庫）に、こんな記述がある。

「総司令部筋の示唆に従って、官庁業務の正常な運営を害する虞《おそ》れのあるものとして、赤色分子を併せて解雇する方針を立てた。そして各官庁を督励して、該当者を一斉に調べさせ、その年の七月から九月に亙《わた》って、他の通常の被整理者と併せて、これらの分子を整理させたのである」

行政機関や国鉄の人員整理は、GHQの「示唆に従って」進めていたものであり、そこには共産主義思想を持つ職員を排除する狙いもあったわけだ。

ガリ版資料の記述を裏付ける文献は、ほかにもあった。しかし、無計画に総理官邸や外相官邸を転々としたような下山白書の記述を裏付ける文献は見当たらなかった。やはりガリ版資料が記す通り、7月4日の昼、下山は増田官房長官と会い、ともに吉田首相のもとへ向かったとみるのが自然だろう。ところが……。

『増田甲子七回想録――吉田時代と私』（毎日新聞社）には、こう書いてある。「下山君はいつものように、七月三日にも私のところへ顔を見せていた。翌四日は会わなかった」。増田は様々な文献で4日に下山と会い、外相官邸まで同行したとされているのに、なぜか自らの回想録では否定している。面会したのは、実は3日だったというのだろうか。

下山白書によると、下山は3日午前8時半に公用車で自宅を出発し、東京駅地下の理髪店に寄って国鉄本社に到着した。午前10時前、GHQの民間運輸局（CTS）に出向き、午後1時に国鉄本社へ帰着する。午後6時半、本社を出て帰宅した。人員整理の第一次通告の前日にあたるこの日、国鉄本社では経営陣と組合幹部が集まり、それぞれ会議を開いていた。下山に日中、増田のところへ顔を出す余裕があったとは思えない。

翻って4日は……。増田の回想録には「国鉄整理の当面の責任者である下山定則国鉄総裁の苦悩は大きかった。しょっちゅう官房長官である私のところへ来て、『今後、どうしたらいいでしょう』などと相談を持ちかけてきた。どういうわけか、直接の上司である大屋運輸相のところへは行かず、私の官房長官室に来たり、首相官邸の庭で一緒に寝ころんだりしながら、話し合ったのである」とある。

これほど下山と懇意にしていたのであれば、人員整理の節目である7月4日に会うのは自然とも思える。4日の面会を否定するのは、単なる記憶違いなのか、あるいは否定しなければならない事情でもあるのだろうか。

7月4日に下山と会ったことを否定する増田の回想録を読んで、私は既視感も覚えた。下山白書には、こんなくだりがある。4日に外出先から国鉄本社に戻った下山は、職員局長に「首相に会って来た」と話したという。ところが、白書は注記で「吉田首相に会って来たと話されたが会った事実はない」と、この証言を真っ向から否定した。下山と政府要人との面会は、ここでも「なかった」とされた。果たして下山は吉田に会ったのか、会わなかったのか……。

吉田内閣と「反共人脈」

どことなく下山を突き放しているように見える吉田内閣。いったい、どのような性格の政権だったのか、ここで見てみたい。吉田茂は東京帝国大学を卒業後、外務省に入り、天津、奉天総領事や、駐伊、駐英大使などを歴任した。戦後は東久邇内閣と幣原内閣で外相を務め、1946~54年に第1次~第5次吉田内閣を組閣。日本国憲法の制定や、対日講和条約と日米安保条約の調印など、戦後史の重要な局面に携わった。政治的には反共主義の立場だった。下山事件は第3次吉田内閣の時代に起きている。

吉田が懇意にしていたGHQ高官は、G2（参謀第2部）のトップだったチャールズ・A・ウィロビー少将だった。1892年3月生まれのアメリカ陸軍の軍人で、下山事件当時は57歳だった。占領当初、GHQは日本の民主化に注力した。しかし、1948年に北朝鮮（朝鮮民主主義人民共和国）が建国され、49年に中国共産党が中華人民共和国を建国するなど、東アジアで共産主義が勢力を拡大する中、GHQは日本を「反共の防波堤」にする方向にかじを切る。GHQの組織内では、民主的な政策を推し進めた民政局（GS）と、「反共」を掲げるG2が権力争いをしていたことが知られているが、下山事件の頃にはG2が主導権を握っていた。

吉田はウィロビーが事務所を置いていた帝国ホテルにたびたび足を運んで会談していたという。「ウィロビー少将は旧館の二四四号、二四六号、二四八号の三室を使っていた。客室係の竹谷年子以外はほとんど口をきかず、何か用事があると黙って指を二本あげて呼んだ。（中略）この他に、忘れてはならない最大のVIPがいる。当時の吉田茂首相である。吉田首相は、よくホテルにウィロビーを訪ねてきた。着物姿で来ることが多かった。いつもあの葉巻をくわえて、堂々と歩いていた。ウィロビーと重要な話をする時、客室係がそばにいるとフランス語に切り替えていた」（『帝国ホテル』犬丸一郎著、毎日新聞社）

ウィロビーも反共主義者だった。彼は回顧録にこうつづっている。「私は、アメリカの正義と真実に対しては絶対の信頼を置いていて、これを批判がましくあげつらう〝進歩主義者〟やリベラリストたち、いわんや容共主義者なら一層のこと、私の敵、アメリカの敵と見なしている」（『知られざる日本占領――ウィロビー回顧録』番町書房）

ウィロビーは共産主義に傾倒した日本の労働者が、鉄道などのインフラを破壊することを危惧していた。同じ本にこんなことを書いている。

「共産主義者は、いつものパターン通りに、労働者、交通機関およびインテリ層に潜入した。彼らは、打倒対象となったあらゆる国々と同じように、輸送機関、コミュニケーション機関、電力、炭鉱といった基礎産業界を狙った。（中略）このいつもながらの威圧武器であるストライキで、共産主義者たちは大規模の産業および公益事業施設を、以下のようなパーセンテージで崩壊せしめるだけの力を、一九四八年に示したのである。鉄道輸送機関　主要地点における妨害による業務停止＝五十パーセント」

ウィロビーが敵視していた労組や共産党が、1949年夏に起きた「国鉄三大事件」で打撃を受けたことを思うと、非常に暗示的だ。

第3次吉田内閣の官房長官は増田甲子七だった。増田は戦前に内務省に入省し、本省警保局警務課勤務や福島県知事を経て、1946年に北海道庁長官となった。このとき石炭ストを解決した功績で、「吉田首相に認められる」と回想録につづっている。労働運動に対峙する手腕を見込まれたのだろう。

下山事件の頃、警察組織は、一定規模以上の自治体に置かれる「自治体警察」と、その他をカバーする「国家地方警察」（国警）に分かれていた。警察の民主化を図るため、GHQが中央集権的な内務省警察を解体したためだ。国警のトップは斎藤昇長官だった。斎藤は戦前に内務省に入省した官僚で、増田官房長官の後輩にあたる。警視庁トップの警視総監は田中栄一で、斎藤とは内務省の同期入省組だ。田中が就任するまで、警視総監は斎藤が務めていた。斎藤は「G2の要請で国警長官になり、総監の後任に安井都知事の推薦で、高校同期の田中栄一が就任した」(『黒の機関——戦後「特務機関」はいかに復活したか』森詠著、祥伝社)という。安井都知事とは安井誠一郎のことで、内務省に入省後、岡山県警察部長や新潟県知事などを務めた人物だ。

ここに名前が挙がる要人の一部は、G2の諜報組織「キャノン機関」に出入りしていたとされる。キャノン機関は情報収集や工作活動にあたった組織で、トップがジャック・キャノン中佐だったことからそう呼ばれている。現在は都立庭園となっている旧岩崎邸(台東区池之端)に事務所が置かれ、いくつかの文献で下山事件への関与が指摘されている。

「キャノンは旧岩崎邸に移るとまもなく、邸内の食堂を改造して、二百名ぐらいの会合ができる酒場をつくった。(中略)——当時この酒場の常連として、毎夜のように顔をみせたのは、国家警察長官の斎藤昇、内閣総理府調査室長の村井順、それに安井東京都知事の三人」(『何も知らなかった日本人——戦後謀略事件の真相』畠山清行著、祥伝社)。村井も内務省出身で、戦後は京都府警本部長や九州管区警察局長を歴任し、後に警備会社を創業した。

斎藤や村井、安井が出入りしていたとされるキャノン機関には、日本人による下部組織があった。同じ本によると、「柿ノ木坂機関（元上海憲兵隊）」、「矢板機関（密輸船運航・物資集積）」、「横浜機関（引揚者情報・謀略工作）」、「日高機関（密航工作）」、「伊藤機関（戦犯情報・密輸船派遣）」、「海安商会（九州・中国方面の諜報謀略）」がそれだ。これらの組織は旧日本軍関係者などで構成されていた。このうち「矢板機関」の機関長は矢板玄《やいたくろし》という人物で、キャノンと個人的に親しく、亜細亜《アジア》産業という会社の社長でもあった。亜細亜産業は下山が失踪した三越本店と同じ日本橋にあった会社で、戦時中は日本軍の物資調達などにあたったという。

人脈を整理するとこうなる。吉田首相とG2のウィロビーはともに反共主義の盟友で、吉田の側近は内務省出身の増田官房長官。増田の内務省時代の後輩が斎藤国警長官で、斎藤を国警長官に据えたのがG2、斎藤と内務省に同期入省したのが田中警視総監、田中を警視総監に推薦したのが元内務官僚の安井都知事だった。斎藤と安井、内閣総理府調査室長の村井はG2の諜報組織「キャノン機関」に出入りしており、機関を率いるキャノン中佐と亜細亜産業の矢板は懇意にしていた。つまり、反共的な立場を取る吉田内閣とG2は表裏一体で、警察官僚でもある旧内務省出身者が要職を占めていたことや、G2を頂点とする「反共人脈」が日本の政府要人や民間人にまで連なっていたことが分かる。

下山総裁はなぜ日本橋に足しげく通ったか

本題に戻ろう。訪問先の滞在時間に違いはあるが、下山白書とガリ版資料の両方が「事実」と認定しているのは「下山が失踪前日の7月4日、総理官邸を2回、外相官邸を1回訪ねた」ということだ。これは、面会をめぐる証言がどうであれ、10万人の人員整理が国鉄内部にとどまらない政治的な課題だったことを物語る。

そもそも、下山の総裁就任自体が政治的な産物だった。政府は初代国鉄総裁の人選にあたったが、労組の反対を押し切って人員整理を断行する役回りの総裁を引き受ける者が見つからず、運輸次官だった下山が抜擢された。だが、『下山総裁の追憶』という文献によると、本人は近しい人にこう語っていた。「犠牲的に組板《まないた》に載せられた」。その末に命を落とし、後には事件前日に会ったことを政府要人から否定された。死してなお、政治に翻弄される運命だったのだろうか。

7月4日の足取りで、私が注目した2点目は、「日本橋」をめぐる午後の記述だ。下山白書は次の通り、人事院から日本橋の薬局を目指して直行したように読める。

午後一時頃　外務大臣官邸より人事院（旧内務省）
同二時半頃　右同所より日本橋橋詰薬局へ（中央区呉服橋二九薬局橋詰万蔵）立寄ったが
薬買求の事実判明せず
同三時少し前　右同所より本省へ

ところが、ガリ版資料には、こう書かれている。

人事院（1時間位居て帰る。本省へ向けて走る。警視庁通過後　総裁「警視庁へ寄るんだった」大西「寄りませうか」　総裁「イヤ良い」）→東京駅前ロータリー（総裁「日本橋へやってくれ」）→呉服橋→（日本橋へ近付いた頃、総裁「薬局があるか」）－（人事院から3km、6分）→橋詰薬局（総裁自身下車して何か薬を買った）－（1km、3分）→本省

ガリ版資料によると、下山は当初、人事院から国鉄本社に向かっていた。本社に着く間際の東京駅前で「日本橋へやってくれ」と指示し、しばらくして「薬局があるか」と尋ね、薬局に立ち寄った。そんな状況が浮かび上がる。前述した通り、下山は翌日の謎めいた「公用車ドライブ」でも、車が国鉄本社付近に差し掛かったところで「日本橋の三越へ」と行き先を変えた。ガリ版資料に記された4日の指示変更が事実であれば、下山は人生最後の2日間とも、車が国鉄本社に着く直前のタイミングで、思い立ったように日本橋へ赴いたことになる。

下山が公用車で日本橋を訪ねたのは、この2日間だけではないらしい。矢田喜美雄の『謀殺

下山事件』には、大西運転手のこんな証言が収められている。「六月一日の総裁就任から、この白木屋近くで下車、車を待たせたままで数時間というのは、数え切れぬほどあった」

下山が足しげく通ったという、その頃の日本橋は一体、何がある街だったのか。『G.H.Q.東京占領地図』（福島鑄郎編著、雄松堂出版）に収められた1948年6月作成の地図を見ると、占領期の日本橋周辺には、GHQに接収された建物が目立つ。日本橋交差点の白木屋は「Commissary」（売店）となっている。日本橋のたもとには、西側に「Kokubu Bldg」が、東側には「Riverview Hotel」があり、三越本店の裏手には「Yokohama Specie Bank」があった。

これらの建物は、GHQ関係機関の事務所や宿舎などとして使われていた。どの建物も、日本橋交差点から5分もあればたどり着ける。そして、国鉄の人員整理はGHQの意向でもあった。

日本橋交差点から1キロほど東の中央区新川には「成田屋」という料亭があった。下山がたびたび足を運んでいた場所で、1949年7月11日付の読売新聞には、こんな近隣住民の談話が載っている。「最近は近所の目をさけるためか自動車を遠くに待たせたり、待たせる場所を変えてみたり、一たん帰して一時間ぐらい経つてから呼んでみたりいろいろ気を使つている風にも見受けられました」。成田屋で誰かと面会するため、日本橋交差点から歩いていくことも、不可能ではない。

日本橋交差点の約３００メートル北には地下鉄三越前駅があり、地下道に「室町茶寮」があった。「国鉄幹部の会合場所として利用されていた」（『読売新聞』１９４9年7月7日）という店で、日本橋交差点からは歩いて行くことも、地下鉄に乗って行くこともできる。

室町茶寮といえば、支配人の興味深い証言が下山白書に記されている。「七月五日午前十時頃三十四、五歳位の男五人連れにて来店し菓子と茶をとり約二十分位話をして帰った者があるが、その時中央に座っていた人は背広に白ワイシャツを着、一寸下山さんに似ていた様に思うが違うようでもある」

この証言通り、下山が三越南口で姿を消してまもなく室町茶寮に姿を見せていたとすれば、「空白の15時間」の足取りの手がかりになる。他殺だったとすれば、一緒にいた男たちが犯行側の人物だった可能性も出てくる。しかし白書は、思いがけない理由で、この重要証言を一蹴する。

「同店は午前十一時前頃毎日開店しており本事実は認められない」

支配人が自分の店の開店時間も知らずに作り話を語ったとでもいうのだろうか。釈然としないが、白書では最終的に、支配人は何も見なかったことになっている。

室町茶寮を出て左手にある階段から地上に出ると、2棟目に「ライカビル」という5階建てのビルがあった。作家の柴田哲孝は、著書『下山事件 最後の証言』（祥伝社）で、このビルに入っていた「亜細亜産業」という会社が事件に関与したとする他殺説を示した。柴田の祖父の勤め先でもあったこの会社は、戦時中は陸軍の物資調達にあたり、戦後は家具や皮革製品などを取り扱っていたという。米軍情報機関員や政界関係者らが出入りしていたとされる謎の多い会社だが、すでに存在せず、ビルは2004年に取り壊された。

私は新聞記者になる前、そうとは知らずにライカビルに入ったことがある。新聞社とテレビ局の入社試験に落ち、IT業界で営業の仕事をしていた1990年代半ばのことだった。このエリアの担当として三越周辺をよく歩き回っていて、現代の街並みにそぐわない戦前建築風の雑居ビルが、いつも気になっていた。それがライカビルだった。

歴史好きの虫がうずき、あるとき思い切って入ってみた。小さなホールには、古い集合ポストと鉄柵の扉がついた古風なエレベーターが1基。石造りのような狭い階段を上っていくと、2階に飲食店があった。ドア越しに中をのぞくと、開店前の静まりかえった店内に、窓から陽光が差し込んでいた。3階より上の部屋の扉はどこも閉まっていて、人の気配はない。暗い階段を上りきって屋上まで行き、少し外に出て、下へ引き返した。古い時代を探検してきたような高揚感を覚えたものだ。

民間運輸局（CTS）と国鉄

下山が死の直前も含め、日本橋に通った理由は何だったのだろう。下山の行動について、誰か耳にしていないだろうか。そんなことを考えながら、あるとき、鉄道業界の友人と昼食をとった。彼は私の取材に興味を持っていた。「いちど須田寛さんに聞いてみたらどうですか」

須田寛――。下山事件から5年後の1954年（昭和29年）に国鉄に入社し、国鉄民営化後はJR東海の初代社長を務め、のちに会長になった人だ。私が名古屋に赴任していた2010年頃、JR東海の記者懇親会で見かけたことがある。当時は80歳代だったが、痩身で背筋がまっすぐ伸び、スーツの似合う紳士だった。「鉄道の生き字引のような方です」と、近くの社員が小声で教えてくれた。須田は上機嫌だったが、周囲の幹部たちはかしこまった様子で、どこか近寄りがたい威厳があった。そんな大幹部の須田に「下山事件の取材の一環で、下山総裁について話が聞きたい」と打診しても、断られるのは目に見えている気もしたが、ともかく広報部を通じて取材を申し込んだ。

しばらくして、「お話しできる範囲なら」という思いがけない返事が届いた。約束の2023年2月、JR東海の東京本社を訪ねた。応接室に入ってきた須田は92歳になっていたが、スーツに身を包み、ビジネスマンらしい凛とした雰囲気を漂わせていた。JR東海の顧問を務めているという。

ソファに腰をおろした須田は語り始めた。「下山事件は僕が国鉄に入る前の話です。高校を卒業し、大学の入学試験が終わって、6月25日に合格発表があって、入学許可が7月1日付で出ているんですね。授業が9月1日から始まるから、何もすることがなくて一日中ラジオを聞いていたんです。そうしたら下山事件が起きて、そればっかりやっているわけです」。資料も見ていないのに、当時の出来事を、日付を絡めてよどみなく語る。記憶力に驚かされる。

人員整理の渦中にいた下山の怪死は、当初、労組など左翼勢力を疑う向きも強かったとされる。ニュースを聞いた須田もそのように思ったという。「当然、常識的には誰もがそう思いますよね。左翼勢力が社会不安を起こし、一気に人民政府を作るんだという動きが一部にありました。そういうことを盛んに標榜していましたし、もしかしたら人民政府ができるかもしれないという空気であったことは間違いありません」

そして、話題は核心に入る。「下山さんは、GHQに頻繁に行っているんですね。記録を見ると。最初、『職員はみんな生きているわけだから、一挙に10万人も整理しろと言われても、そんな非情なことはできない。時間がかかる』と言っていたそうです。それはトップとしては当然です。それで占領軍が下山さんを相当説得したと聞きました。60万人も抱えてどうするつもりだというようなことを言われたらしいですね。下山さんは非常に憔悴しておられたそうです。下山さんは機械工学が専門です。技術屋が総裁になるのは珍しく、非常に苦慮されたんじゃないでしょうか。本当に真面目な技師だったそうです」

須田は下山事件から10年後の1958〜59年に総裁室秘書課に在籍した経験があり、そんな話を周囲から耳にしたのだという。「下山さんは理詰めで物事を進める方だったそうです。細かなところまで納得できないと判子を押さなかったと聞いたことがあります。労働組合との折衝は簡単ではありません。いちど労使関係を破壊したら修復するのが大変です。だから、労働組合を説得して、正攻法でやろうとしたのではないでしょうか。それで政府やGHQがいらだっていたのかもしれません」

下山がGHQに頻繁に足を運んでいたとすれば、行き先として真っ先に考えられるのは、鉄道を所管していた「民間運輸局（CTS）」だ。CTSと国鉄の関係はどのようなものだったのだろうか。「占領軍は最初、何もかも全部押しつけようとしたそうです。しかし、国鉄があまりにも秩序正しく運行されていたから、もう日本にやらせておこう、それを支配していればいいんだ、ということになったらしいです」。それでも、国鉄には様々な要求があったと聞いたという。「定期券利用者に日付の記された紙を持たせて、改札口でハサミを入れるようにせよとか、優等車に背もたれの倒れる『リクライニングシート』を採用せよとかね。ただ、占領軍には『安全の思想』という良い置き土産もありました。いま、列車の最後部には赤いランプが二つ、左右に付いていますね。昔は一つだったのですが、カーブで列車が止まると、一つだけでは後方から見えないので危険です。二つあればどちらかが見える。それで占領軍が二つにしろと命じたそうです」

CTSを率いていたのがシャグノン中佐という人物だった。人員整理をめぐり、下山事件の2日前の真夜中、ピストルを持って下山宅に押しかけたと伝えられる。その人物評を尋ねると、「私が国鉄に入ったとき、シャグノンはもう帰国していましたけど、いろいろ耳にしました。『自分の持っている特許を使え』と言ったとかね。国鉄がそれを使ったかどうかは知りませんが。CTSはこの人だけは例外的で、あとは割合、紳士的だったらしいです」。

須田が入社したのは、下山事件の記憶もまだ生々しかった時代だ。国鉄内部では、下山の死はどうみられていたのだろうか。「下山事件については、しゃべることがはばかられるような雰囲気だったと思いますね。現場の先輩からその話はほとんど聞かなかった。もう済んだことだから、しゃべるな、という感じではなかったかな。こちらも聞いてはいかんだろうと思ったものです」。下山の死について須田自身の見解を問うと、「分からない」と首を横に振った。

下山がGHQに頻繁に足を運んでいたらしいことは分かった。最後の2日間、日本橋に足を運んだ理由もそれだったのか、あるいは運転手にも告げられないような訪問先でもあったのか、そこは分からない。少なくとも、人員整理の渦中にいた下山が、百貨店での買い物や薬局行きだけを理由に、この街へ足を運んだとは考えにくい。下山事件をめぐる謎の多くは、やはり当時の日本橋に潜んでいる。

第三章　「下山白書」の欠落

「他殺説の根拠」の検証

下山事件をめぐって、自殺説と他殺説の対立があったことはすでに書いた通りだ。ガリ版資料と下山白書が、それぞれの説をどのように取り上げているかを見てみよう。ガリ版資料「他殺、自殺両見地から事件を見た場合の根拠、疑問点について」には、「他殺説の根拠」として次の6項目が挙げられている。

①解剖結果
②下山の所持品の一部が発見されていない
③人員整理を巡る組合の動き

④下山が組合の情報収集に関心を持っていた
⑤精神障害による自殺を裏付ける事実がない
⑥死体が散乱している

まず、①は下山の死体を解剖したところ、轢断時にできた傷には、生きた状態で轢かれれば生じるはずの出血が見られず、生前にできた傷として、性器の皮下出血があったことを指している。原文では「ショック死の認定を可能ならしめる睾丸、陰茎の皮下出血」と書かれている。ガリ版を作成した捜査当局は、下山が股間を蹴られるなどの暴行を受けてショック死した後、何者かが列車に死体を轢かせた可能性を考えていたことが分かる。

この「ショック死」という見方は、事件直後に解剖にあたった東大法医学教室の桑島直樹博士が、約5か月後の12月にまとめた正式な鑑定書の記述とも重なる。鑑定書にはこうある。「死後に轢かれたものである」「死因として最も考えられ易いのはショックである。又本屍は他殺されたものと推定します」（『資料・下山事件』）。

②は眼鏡やライター、ネクタイなど下山が普段から身につけているものが、死体発見現場で見つからなかったことを指している。この状況からは、別の場所で殺害され、死体が現場に運び込まれた可能性が浮上する。

③④は国鉄の人員整理にあたっていた下山が、組合の情報収集に関心があったことを指している。組合側は人員整理に強く反発しており、捜査当局は、事件の背景に労働問題がある可能性を考えたのだろう。

⑤は、下山が精神不調で自殺したとする見方に根拠がないことを指している。事件当時、自殺を主張する側から「下山は精神不調だった」という声が上がっていたため、こうした記述があると思われる。確かに下山は人員整理に苦慮しており、睡眠薬を処方されていたとされる。ただ、その重圧は、総裁就任前から分かっていたことだ。突発的に列車に飛び込んで自殺したとすれば、三越で姿を消してから15時間もの空白を説明しにくいし、悩んだ末に自殺したのならば、遺書を残していないのは不自然とも思える。

⑥の原文は「死体が現場にバラバラになっておる」とだけある。一般的な鉄道自殺とは遺体の散乱状況が異なっていたのだろうか。

さて、これら「他殺説の根拠」を、自殺説を唱える下山白書はどう記しているのだろうか。下山白書はガリ版資料のように端的に情報が整理されていないため、関連する部分を拾い上げてみる。

まず、解剖結果については「絞殺毒殺銃殺外傷による出血死等認められず死因不明」と記されている。ガリ版資料と同じ桑島の手による解剖結果を記述しているにもかかわらず、不思議なことに、ガリ版資料が可能性として挙げた「ショック死」という言葉には全く触れていない。もちろん、性器の皮下出血についてもだ。

解剖結果が「死後轢断」だったことから、白書には「死後轢断は他殺体か何等かの原因で死亡後轢断されたものとの認定が強い」とも書かれている。一見、ガリ版資料や鑑定書の記述と矛盾しない。しかし、よく読むとガリ版資料は「ショック死の認定を可能ならしめる」と、ショック死（他殺）以外の可能性に言及していない。鑑定書でも「本屍は他殺されたものと推定します」と明記され、他殺以外の可能性に言及していない。ところが白書は「他殺体か何等かの原因で死亡後（傍点筆者）」とあり、「他殺以外」で死亡した可能性に含みを持たせている。白書が自殺説に立っているからだろうか。この点において白書の記述は、ガリ版資料と鑑定書のそれと大きく違う。

下山のネクタイや眼鏡、ライター、たばこケースなどが死体発見現場で見つからなかったことについて、白書は「本所持品は轢断の際一部は跳ねられ一部は列車に附着して運びさられた事が考えられる。本品のない事が他殺を裏付する資料とは考えられない」との見方を示す。ただし、肝心の「列車に附着して運びさられた」証拠は、ここでは何ひとつ示されていない。

下山の「精神不調」について、白書は下山が人員整理に苦慮していたことや、不可解な言動があったことを列挙して「精神不調による自殺」を匂わせている。例えば、行方不明になった朝、下山が公用車で神田駅や百貨店、銀行などを転々としたことについては、「前日に引続き出勤前の行動は行当りばったりで総裁の行動としては常規を失し精神状態が普通でなかった事が推定出来る」と記述。謎めいたドライブを下山の精神不調で片付けた。

「自殺説の根拠」の検証

こんどは「自殺説の根拠」についてガリ版資料と白書を比較してみる。ガリ版資料は、次の5点を挙げている。

①三越などで目撃証言がある
②轢断現場付近に下山がいた痕跡がある
③死因がはっきりしていない
④下山は現場に土地鑑がある
⑤死体を運んだ目撃証言がない

これらの根拠は、自殺説に立つ下山白書とほぼ一致しており、見解に食い違いはない。自殺説の支えになったのは、①の目撃証言だ。ガリ版には目撃証言の内容までは記されていないが、下山白書には証言が詳しく収録されている。白書に収められた目撃証言を時系列に並べると、下山の足取りは次のようになる。

日本橋の三越本店南口で下山が公用車を降りたのは、7月5日午前9時半頃。間もなく1階化粧品売り場で、身なりのいい紳士が目撃されている。午前10時15分頃には、三越の地下入り口にある案内所で、女性店員が紳士と、その後を歩く2、3人の男を目撃した。午前10時20〜30分頃には、三越前の路上でライターに油を入れるアルバイトをしていた男子学生が、背広姿の男性のライターに油を入れた。

その後、浅草方面に向かう地下鉄に乗っていた男性が、下山に似た格好の男に足を踏まれた。午後1時43分、足立区の東武線五反野駅で、浅草発大師前行きの電車から背広姿の男性が降り、駅員に「この辺に旅館はないですか」と尋ねた。駅員は近くの「末広旅館」を教えた。

午後2時頃、末広旅館に紳士が現れた。その紳士は午後5時半頃まで、2階の四畳半の部屋で休んでいった。午後6時10分頃、轢断現場に近い東武線の線路付近で、紳士が歩いているのを会社員男性が目撃。午後8時半頃にも、轢断現場付近を歩く紳士が女性に目撃されている。そして午後11時半頃、東武線の線路付近を歩く紳士が住民に目撃された。下山が列車に轢かれたのは、それから間もない午前0時19分頃だ。

下山らしき紳士が休んでいったという「末広旅館」からは、物証も出てきた。毛髪だ。ガリ版資料の「自殺説の根拠」②には、こんな一文がある。「末広旅館より採取せる毛髪五本中内一本が下山総裁の毛髪に酷似している事実」

DNA鑑定のなかった時代、何を根拠に「酷似している」と記せたのだろう。調べてみると、事件から間もない7月14日付読売新聞の記事に、こうあった。「九日鑑識課が指紋採取に向い指紋は採れなかつたが紳士の使用した枕カバー、敷布から毛髪四本を採取、同課理化学研究所で毛髪の太さ、色調、形状につき綿密な分析を行つた結果、十三日このうち二本が同一系統のものと鑑定された」。毛髪の本数はガリ版資料と食い違うが、どうやら色や形状が似ていたということのようだ。

ただ、不思議なことに、下山白書には毛髪についての記述がない。遺体発見現場近くの旅館で採取された毛髪が下山の毛髪と酷似していたのであれば、自殺説の有力な根拠になるはずだ。これを白書が取り上げなかった理由は分からない。

ガリ版資料の正体

ここまで、ガリ版資料と下山白書を比べてきたところ、自殺説を打ち出す下山白書には「自殺説の根拠」となる目撃証言や捜査結果が詳細に書かれている反面、「他殺説の根拠」への反証となる記述は少ない。一方、ガリ版資料は、論点を箇条書きにしただけの資料ながら、自殺説と他殺説の取り上げ方が公平な印象を受ける。いったい、誰が作った文書なのだろうか。

その答えとみられるものは、1976年に出版された佐藤一《はじめ》の『下山事件全研究』にあった。警視庁側の証言や内部資料などをもとに自殺説を展開した内容の本だ。この中に、事件から間もない1949年7月21日に開かれた警視庁と東京地検の合同捜査会議で、東京地検が配った文書が掲載されている。その文書は、「他殺説の根拠となるべき事項」から始まり、「他殺説に対する疑問」で終わっており、ガリ版資料（1）と、内容や順序はもちろん、「関心を有つてゐた事実」のような独特の文字遣いまで一致している。

この本によると、当時は施行されたばかりの新刑事訴訟法のもと、警察の捜査権が強まり、検察側には不満と不安があったという。「そこで検察庁は、疑義のあるところを解明するため、問題点を整理したいという格好で、討議用の資料を用意した。そのプリントが、この二一日の会議で警視庁側に提示されたのである」と書かれている。ガリ版資料は、東京地検が作成した文書だった可能性が極めて高そうだ。

実験結果はいかに取り上げられたか

次は、警視庁や東京地検が捜査の過程で行った様々な実験について、下山白書とガリ版資料の取り上げ方の違いを見てみたい。ガリ版資料「下山事件その後（七月二十一日第一回合同捜査会議以降）の捜査経過」には、次の7項目が記されている。

①現場附近血痕反応実験
②死体運搬実験
③ロープ小屋内地面の血痕の有無鑑定
④着衣の附着物の鑑定並に実験
⑤貨車の積荷調査
⑥ロープ小屋附近並に後に血痕を発見した鉄道線路堤防の検索
⑦轢断機関車の缶圧実験

このうち、①の「現場附近血痕反応実験」は、さまざまな謎に満ちた下山事件の中でも、特に大きな関心を集めた事柄だ。ガリ版資料には、「現場より北千住寄り」、つまり下山が機関車に轢断された地点よりも手前の線路上に「血痕らしきもの」が点々と続いているのが見つかったとの情報に基づいて実験が行われたと書かれている。もし、轢断地点の手前の血痕が下山のものなら、下山（あるいは下山の遺体）は、流血した状態で線路上に運び込まれた可能性が浮上し、「人員整理に苦悩した下山が列車に身を投げた」とする自殺説は揺らぐ。実験では、現場で約300メートルにわたって「ルミノール液」を使い、血痕反応を調べたという。ルミノール液とは、血液に反応して発光する薬品だ。

ガリ版資料は「捜査経過」と銘打った文書であるためか、実験結果についての言及はない。そこで、この実験の経緯と結果を、当時、朝日新聞記者として取材にあたった矢田喜美雄の『謀殺 下山事件』から補足しておく。

線路上で血痕が見つかったとの情報を聞きつけた矢田は、事件から約3週間後の7月23日未明、自らルミノールを噴霧し、血痕がどこまで続いているかを確かめた。その結果、轢断地点の手前に、かなりの距離にわたって点々と落ちているのが確認された。矢田から実験結果を聞いた東京地検も、7月25日深夜から26日未明にかけてルミノールで血痕を調べた。これが、ガリ版に「七月二十五日夜を徹して」行われたと記された反応実験だ。
実験の結果、轢断地点の手前約200メートルにわたって、線路の枕木から多数の血痕が見つかった。線路脇にあった小屋の扉や柱にもルミノールを噴霧したところ、ここでも血痕が浮かび上がった。ガリ版資料にある「ロープ小屋」とは、この小屋のことで、釣り糸製造の作業場として使われていた。

これらの血痕のうち、検査可能な39検体を東大法医学教室で調べたところ、29検体が人間の血と確認された。このうち「ABO式」血液型検査で明確な反応があった15検体は、すべてA型だった。さらに「MN式」と「Q式」の血液型検査も実施した結果、4検体は「AMQ型」と確認された。下山の血液型はA型で、細かく分類すると「AMQ型」だった。

ここで考えられた仮説は、次のようなものだ。下山の他殺死体を何者かが現場まで運ぶ際、何らかの原因で死体から流れ出した血液が線路上に点々と落ちた。死体を運んだ人物は、運搬途中に寄ったロープ小屋で、手についた下山の血を扉や柱でぬぐった——。

しかし、結局は血痕の捜査から他殺を立証することはできなかった。血痕はあくまで「下山と同じ血液型」であって、「下山本人の血」とまでは証明できなかったからだ。

当時の科学水準では、血液から個人を特定できなかったのだろうか。2022年11月、千葉大学法医学教室の岩瀬博太郎教授を訪ねると、こう解説してくれた。「DNA鑑定が登場するまでは、血液型を分類するABO式やMN式などを組み合わせ、血液型を絞り込んでいました。しかし、この方法では、同じ血液型の人々の中から一人の個人を識別することまではできません。20年ほど前にDNA鑑定の技術が確立されてからは、高い精度で血液から個人を識別できるようになりました。DNA鑑定のキットを使って正しい手順で行えば、精度は100%といってもいいでしょう」

いずれにせよ、これほど大がかりに行われた血痕反応実験について、下山白書は全く言及していない。東京地検が主導した実験とはいえ、当時の読売新聞には、警視庁鑑識課も立ち会ったと書かれている。「捜査報告」という題がついている下山白書だが、決して捜査全体を網羅した報告書にはなっていない。

②の「死体運搬実験」は、ガリ版資料によると次のような内容だ。実験は「七月二十八日午後九時」から行われ、下山の死体に見立てた重さ20貫（75キロ）の砂袋を、線路付近の道路から轢断現場まで運んだ。「運搬の難易」や「所要時間」を確かめるのが目的だったと書かれている。

この実験は下山白書も言及しており、実験結果をこのように書く。想定できる7ルートについて、轢断現場までの距離や運搬にかかった時間を計測した結果、「不可能ではないが極めて困難である事が認定される」。

死体が線路上に運び込まれた可能性を調べる「ルミノール実験」に一切言及しなかった下山白書が、「死体運搬は極めて困難」という結論だけを詳しく記しているのは、どこか不自然な印象も受ける。その理由を考える上で、注目すべきはルミノール実験と死体運搬実験が行われた日時だ。

他殺説をとる東京地検が、ルミノール実験を行ったのは7月25〜26日だった。自殺説に立つ警視庁の捜査本部が死体運搬実験を行ったのは、その2日後の28日だった。死体運搬実験は報道機関を集めて行われたとみられ、当時の読売新聞にはそれを伝える記事が掲載され、本社の資料庫には当時撮影された実験風景のモノクロ写真も残っている。死体運搬実験の目的は、ルミノール実験で世間の関心を集めた「死体運搬」の可能性を打ち消すことにあったのかもしれない。

ところで、このガリ版資料「下山事件その後（七月二十一日第一回合同捜査会議以降）の捜査経過」には、「25　3　12日布施君より受取」という書き込みがある。下山事件を捜査した東京地検の検事の一人が「布施健《たけし》」であり、のちに検事総長にまで出世した人物だ。この書き込みが、事件翌年の昭和25年3月12日、布施を「君」づけで呼べる人物が資料を受け取った日付を意味しているなら、ガリ版資料が東京地検の捜査資料だった可能性は、ますます高まる。

布施は下山事件の後、東京地検検事正や東京高検検事長、検事総長などを歴任し、1977年に定年退官したが、ずっと下山事件に関心を持ち続けていたという。2024年4月、長男で弁護士の謙吉は、私にこう語った。「自宅には下山事件の捜査資料が置いてありました。退官時に検察庁に戻したので、今はありませんが、父が下山事件を気にしていたことは間違いありません。下山事件について父と話したことはほとんどありませんが、『分からんものは、分からんのだよ』と言っていました」

靴は死体のそばに置かれていた

次の比較に進もう。ガリ版資料には「足首、靴、靴下止　散乱状況」と題された図面がある。下山白書には見当たらない図面だ。轢断現場の見取り図だが、大きな特徴がある。タイトル通り、足首と靴と靴下止の位置関係だけしか示していないのだ。『謀殺　下山事件』に掲載された現場図面と比較すると、左靴と左足首の間には「フンドシ」と「ワイシャツ」が落ちているはずだが、ガリ版の図面では見当たらない。足首と靴と靴下止の位置関係だけを示した図面から、ガリ版資料が東京地検の内部資料である可能性は、これでさらに高まったと私は感じる。他殺の線を追う地検は、靴の壊れ方に注目していたからだ。

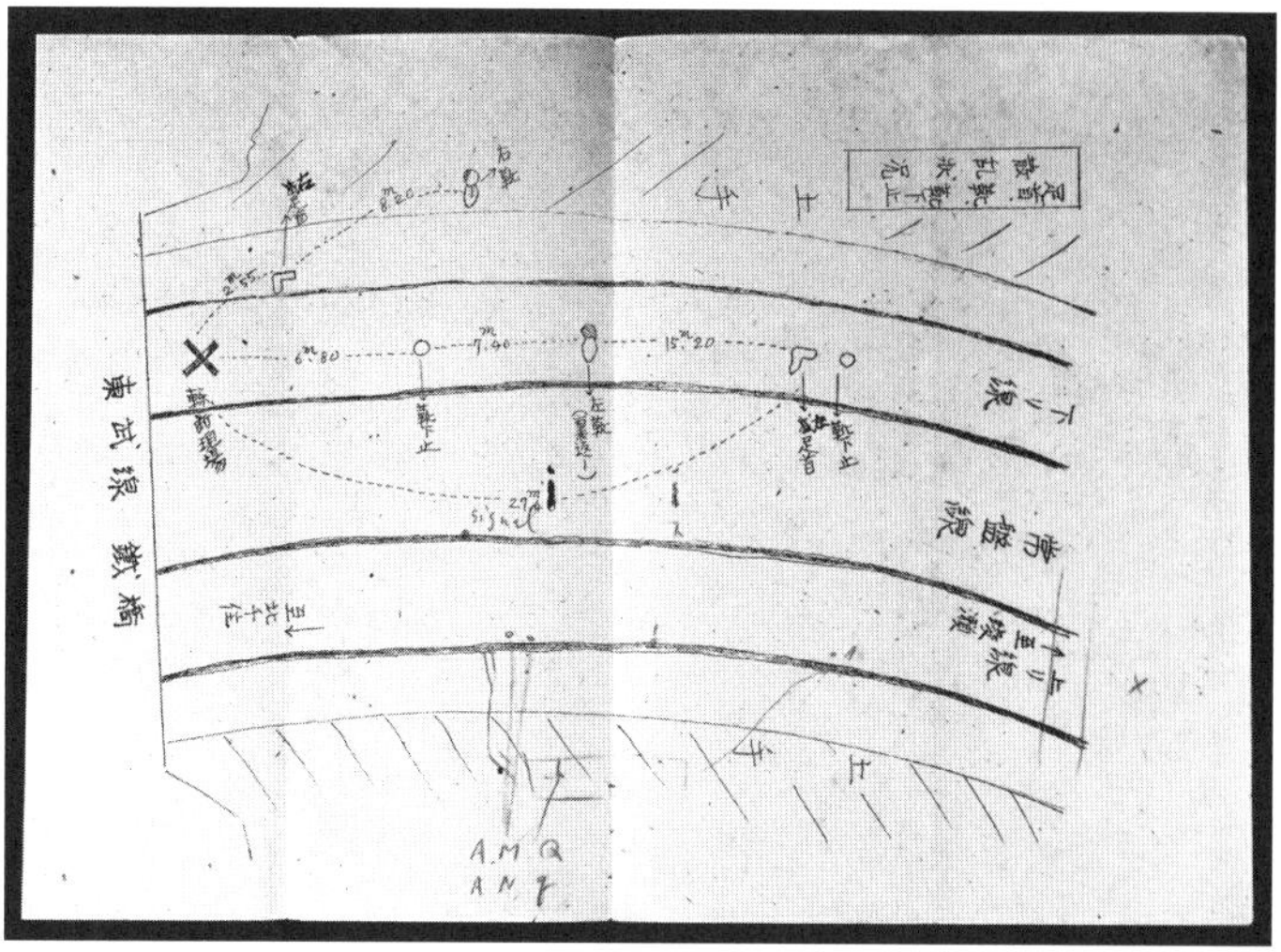

「ガリ版資料」に収められた足首、靴、靴下止の散乱状況（足立区立郷土博物館所蔵）

現場で見つかったとき、右靴は大きく裂け、左靴は先端がつぶれるように壊れていた。斎藤茂男の『夢追い人よ』によると、東京地検の依頼で靴を調べた東大裁判化学教室の秋谷七郎教授は、以下のような鑑定結果をまとめた。

1、右の靴は下山総裁がはいていたとすれば排障器《はいしょうき》（注・レール上の障害物をはねのける金属棒）の当たる位置にあったが、中間から裂けている。排障器の衝撃では裂けない。

2、したがって死体が靴をはいていたとすれば、その部分に該当する総裁の右足に傷がなくてはならないが、その傷跡はない。

3、左の靴の爪先の部分はレール上で車輪に轢かれ、さらに車輪の突出部に触れて裂けたと思われる傷跡がある。
4、しかし、この左靴の損傷部に相当する死体の左足に傷跡はない。
5、左靴は一度脱げてからこのような損傷を受ける可能性もある。しかし右靴は列車の最初の衝撃が排障器である関係からして、はいていた靴が脱げてからの損傷ではないと考えられる

要約すると、両足とも靴の損傷位置に相当する部分に傷はなく、とくに右靴は損傷状況から履いていなかったとみられるという鑑定結果だ。それが意味することを、斎藤はこう記している。「下山総裁の靴は、誰かの手で死体のそばに『置かれていた』のに違いない」

一方、下山白書はというと、見つかった靴の状態を「チョコレート色裏ゴム短靴右甲部より側面にかけて裂ける」とだけ記している。もちろん、秋谷教授による鑑定結果にも言及していない。

ボイラーをめぐる「不可解なこと」

次のガリ版資料は、下山を轢断した蒸気機関車の「ボイラーに関する実験」と「視界に関する実験」の結果だ。どちらも下山白書では触れられていない実験だ。

下山を轢いた蒸気機関車は「D51　651」号機だ。いわゆる「デゴイチ」で、戦前から高度経済成長期にかけて活躍した、日本を代表する蒸気機関車として知られる。この機関車のボイラーの実験をした理由は、出発前から不可解なことが続いていたことが関係している。下山白書も「不可解なこと」については記しているので、その記述などをもとに再現してみる。

7月5日午後9時頃、第869列車（田端発平《たいら》行き貨物列車）の乗務員たちは、田端の休憩室に着くと、係員に午後11時に起こすよう頼み、仮眠に入った。ところが、乗務員の一人である機関助手がふと目を覚ますと、もう午後11時25分だった。列車の出発予定時刻は6日午前0時2分。係員が将棋に熱中して起こし忘れたのだという。

助手は、ほかの乗務員を起こすよう係員に頼み、自らは列車を牽引するデゴイチに駆けつけた。すると、10キロ以上あるはずの蒸気圧が、6キロに低下していた。これでは出発できない。大慌てで石炭をくべて、蒸気圧を高めた。15キロに上がったところで出発。定刻から8分遅れ、午前0時10分になっていた。トラブルはまだ続く。機関車の前照灯が故障していた。通常の明るさは100ワットだが、蓄電池で点灯させたため、3ワットしかない。デゴイチは、ほとんど無灯火で暗闇の常磐線を疾走した――。

ガリ版資料「機関車気圧放出試験」によると、捜査当局は10キロ以上ある蒸気圧を人為的に下げるのにかかる時間や、いったん下がった蒸気圧を回復させるのにかかる時間を計測した。実験で事件当夜の状態を再現することはできなかったが、人為的にボイラーの蒸気圧を下げて当夜の状態に至らせることは、技術的に可能とされた。そして実験結果をこう記した。

「但し本実験の場合には缶（注・ボイラー）の火が事件当日より数倍強かったので実際にはもっと多くの時間を要することになる。然しその為時間が延長されても十五分位で回復可能の見込である。従って発車の遅延を計るのには起し番の起し忘れが重要な意味を持ってくる」

係員による起こし忘れが意図的だったと示唆しているようにも読め、踏み込んだ印象だ。ただ、誰が、なぜ、蒸気圧を下げたのかは、その後の捜査でも分かっていない。

一方、下山白書は、デゴイチの発車遅れについて「事情を捜査するに謀略によるとか犯罪容疑に関連したと云う事実は認めない」と結論づけている。


続いて「視界に関する実験」について見てみる。ガリ版資料のタイトルは「下山総裁を轢過した機関車を使用して行った試験結果」となっている。実験では、まず当時と同じ時速45キロで夜間走行しながら、乗務員が線路上の障害物を視認できるかを調べた。結果は「発見不能」だった。

走行中、線路脇にいる人を視認できるかどうかについては、機関士席からは「発見せず」、助手席からは、発見できたりできなかったりと、まちまちだった。

前照灯が故障した状態を再現した試験では、「前方の確認不能」という結果になった。意外だったのは、本来の100ワットの前照灯での試験結果だ。これも「前方の確認不能」とされた。当時のSLの夜間走行では、前照灯はほとんどあてにならなかったということだろうか。

京都鉄道博物館（京都市）に尋ねると、「終戦までデゴイチの前照灯は100ワットで、標識灯程度の役割しか果たさず、戦後に250ワットへ出力向上が図られました」との説明だった。

私は自分の目で運転室からの視界を確かめたくなり、青梅鉄道公園（東京都青梅市）に取材を申し込んだ。ここにはデゴイチが屋外展示されている。

運転室は、2畳ほどの空間に計器やバルブ、レバーや配管が詰め込まれ、工場のようだ。上から見て左側の機関士席の正面には、A3のコピー用紙大の窓がある。全長約20メートルのデゴイチの巨体には不釣り合いな小ささで、視界の右半分はボイラーの陰に隠れている。助手席側の窓も、やはりボイラーが視界の半分を占め、前は見えにくい。

当時の機関士や助手は側面の窓から顔を出して前方確認をしていたようだが、視界はあまり変わらない。線路内や線路脇に人影があっても、よほど注意していなければ見落とすだろう。

「自殺に非ず」とする下山総裁夫人の供述

最後の比較は、下山の妻の証言だ。ガリ版資料には「自殺ではない」とする証言が載っている。妻の言葉は下山白書にも載っているが、そこにはガリ版資料と全く違うことが書いてある。発言をきちんと記しているのは一体どっちだろう。

妻の名は、「よし子」「芳子」など文献によって表記がまちまちだが、読売新聞に掲載された訃報には「下山よし」とある。下山事件から33年後の１９８２年9月14日に77歳で死去した。下山からみて、実兄の妻の妹にあたる女性だ。『下山総裁の追憶』という文献には、こう紹介されている。

「香蘭高等女学校卒業の才媛である。芳子夫人が女学校に通われる頃は高木家（注・実家）は高輪に立派な邸宅を構えて裕福な生活をされており何不自由のない御身分であった。十三年（注・大正）の春頃より下山氏と相識る仲となり十四年十二月婚約、昭和二年五月二十日東京会館に於て目出度華燭《めでたかしょく》の典を挙げた」

まず、ガリ版資料「自殺に非ずとする下山総裁夫人の供述」を読んでみる。そこには、下山の死を妻が他殺と信じる根拠が挙げられている。

①夫はいい家柄の出である
②健康状態が良好だった
③家庭内で異常はみられなかった
④極度におびえている様子はなかった
⑤仕事上の失敗もない
⑥遺体に不審点がある

の6項目だ。

このうち、もっとも記述が長いのは、②の下山の健康状態だ。妻の供述によると、事件の1か月ほど前に測った体重は19貫800匁（約74キロ）で、事件当日まで痩せた感じはなかった。睡眠剤を時々服用していたが、食欲は良好で、事件当日の朝もいつも通り食べた。ビタミン注射を打っていたが、これは家族が勧めたものだった。最近は家族で談笑しなくなったが、このほかに疲れを感じさせるものはなかった、としている。

これまで何度も触れたように、下山は事件当時、GHQと日本政府から命を受け、10万人に及ぶ国鉄の人員整理に取り組んでいた。その死を自殺とみる説は「人員整理問題で精神不調に陥っていた」ことを前提としている。しかし、下山の健康状態が妻の言葉通り「良好」だったのであれば、自殺説は前提から揺らぐ。

⑤の「仕事上の失敗もない」という主張は、ガリ版資料の原文ではこうなっている。「仕事の上で失態を演じた様な事はなかったと思う。七月三日の午后十二時頃、C.T.Sのシャグノン中佐が一人で総裁邸へ来て此の重大時期（首切発令前の意味）に役所に幹部が一人も居ないのは何事かと難詰したそうであるが之は了解を得たので別に総裁は気にして居なかった」

先述した通り、CTSとは、GHQの一部門「民間運輸局」の略称で、CTSの責任者がシャグノン中佐だった。国鉄の人員整理について、直接指図できる立場にあったシャグノン中佐が、下山事件2日前の真夜中に家まで押しかけてきたというのだから、かなりの難局ではあったはずだ。さまざまな文献にも載っている出来事で、自殺説をとる人々は下山の精神不調の一因に挙げる。しかし、「了解を得たので別に総裁は気にして居なかった」と妻が話す通りであれば、自殺とは結びつかなくなる。

妻の供述のうち、最も重要視すべきは⑥の「遺体の不審点」を語った部分だ。下山の日常生活を誰よりも近くで見ていた妻は、夫の食習慣と、報道などを通じて知ったと思われる遺体の解剖結果とを照らし合わせ、きわめて大事なポイントを指摘している。ガリ版資料の記述は、こうだ。

「総裁は胃酸過多症の為普通以上に喰べたがる方であった。平素帰宅して夕食が出来て居ないと必ず何か他の物を食べて居たし役所でも昼食後飴や寿司をとって喰べる事がしばしばだと聴いて居た。従って昼夕の二食を抜く事などは考えられない。監禁でもされて居たのではないかと思う」

東大による解剖の結果、下山が最後の食事をとってから死亡するまでの時間は、「数時間以上十数時間」とされた。解剖にあたった桑島直樹博士はこう証言している。「胃の中は空っぽでございまして、腸には少し物が入っておりました。ですから亡くなるしばらく前にはなんにも食べておられないと思います。それから胆汁というのがありますが、胆汁というのはおなかがすきますと一般にたまってくるものなんです。それが大変たまっておりました。だから空腹の状態で亡くなられたんだろうと思います」（『資料・下山事件』）

1949年7月5日、朝食を食べてから自宅を出た下山は、出勤途中に三越南口で姿を消した。公用車に残されたカバンには、昼の弁当が入っていた。解剖結果は、下山が朝食後、死亡するまで何も食べていない可能性を示していた。よく食べる下山が、弁当を車に放置したまま「数時間以上十数時間」にわたって何も食べず、空腹でいた——。妻にしてみれば、考えられない事態だったのだろう。だから「監禁」された末の他殺ではないかと考察しているわけだ。

下山の胃の中に何もなかった事実に不自然さを感じていたのは、妻だけではない。『資料・下山事件』には、下山の実弟の証言が収められている。「兄の胃酸過多というのですが、子供のときから胃が弱いんです。御承知でしょうが胃酸過多というのは始終なんか喰べてないと痛むんですね。普段でもお腹が空いて胃が痛みかけると、運転手なんかにちょっととめてくれなんて、一緒にラーメン喰べたり、なにか口に入れる。これは習慣だったんです。六時間も七時間もなにも喰べないでいたということは、もし自由な体だったら、あり得ないと思うんです」

下山の妻と弟が言及した「胃酸過多」の概念は、実は、現代と1940年代では異なる。消化器内科の専門医で川西市立総合医療センター（兵庫県）の三輪洋人総長によると、かつては、胃酸過多によって胃の粘膜が傷つき、胃潰瘍や十二指腸潰瘍が引き起こされると考えられていた。ところが、1980年代に入ると、胃潰瘍や十二指腸潰瘍の原因はピロリ菌であることが分かってきた。

以降、胃酸過多は、食道の粘膜が炎症を起こす逆流性食道炎の原因として認識されるようになった。逆流性食道炎の患者は、食べると症状が出るので、むしろ食べることを敬遠するきらいがあるという。

三輪総長は言う。

「下山総裁の胃痛の原因は、胃酸過多ではなく、胃潰瘍か十二指腸潰瘍だったのではないでしょうか。占領期は、ほとんどの日本人が（胃潰瘍か十二指腸潰瘍をもたらす）ピロリ菌に感染していたと考えられますから。当時は有効な治療方法がなく、患者は何かを食べることで一時的に胃の痛みを和らげていたようです」

下山が長時間にわたって空腹でいたことを理由に、事件を「他殺である」と判断するのは、科学的な根拠として十分とは言えないかもしれない。しかし、下山の食習慣と解剖結果を考え合わせた身内の言葉は十分に論理的で説得力があり、他殺説の根拠の一つとして重みを感じさせる。少なくとも、下山の家族にとっては「他殺」を確信するに足る重要な事実なのだろう。

「白書」で触れられなかった下山夫人の証言

今度は下山白書が妻の言葉をどう記しているかを見ていく。妻の証言は、文章の長さだけを比べるならば、ガリ版資料とそう変わらない。しかし、ガリ版資料が「自殺ではないと感じる根拠」にポイントを絞っているのに対し、白書は雑多な内容を3か所に分散して載せている。

まず「下山総裁身辺関係」の章に、次の証言がある。先に断っておくと、警視庁は妻を長時間聴取したに違いないが、なぜこの部分を抽出したのか、理解に苦しむ内容だ。「昭和十四年頃、仏印（注・フランス領インドシナ。現在のラオス、ベトナム、カンボジア）へ約二週間、昭和十五年三月頃泰（注・タイ）へ二、三週間、企画院技師兼鉄道調査員の資格で行ったことがある。参謀本部の小森田中尉が同伴した。護身用具は持っていない。自宅に日本刀一本があったが終戦後警察署へ出したので家族も拳銃等所持しているものはない。森田のぶに指環を売渡した。代金五万円は新聞紙包みにして其儘《そのまま》受取り其後少しずつ費《つか》って了《しま》った」

過去に出かけた海外視察や護身用具の話が続いた末に、下山が懇意にしていた料亭の女主人「森田のぶ」の名が唐突に出てくる。事件の被害者をめぐる参考情報の域を出ず、もっと言えば論点がずれた枝葉末節の雑談ばかりだ。

続いて「七月五日失踪当日の関係者の言動」という章を見てみよう。ここには、下山宅の警戒にあたった警察官が、妻から聞いた言葉が収められている。妻本人が取調官に直接語った肉声を記した文章ではないが、自殺か他殺かという「事件の本筋」を扱った内容には違いない。少し長い引用になってしまうが、ここは白書の原文を紹介しておくべきだろう。

「七月五日下山総裁失踪当日大田区上池上の自邸警戒に当った東調布署署員中村武他二名の聞込並に当時の状況は次の様であった。（中略）

最初奥さんは二階八畳間に上り切っていられ、其後実弟常夫氏が見えてからも二人で同室にいられたがそこは総裁の机とか箪笥とかがある室である。（中略）

同夜午後十一時頃二階の室で実弟常夫氏、次男他鉄道職員二人と仲村量平と東調布の刑事が詰めていた折、下山夫人は『高木子爵（注・高木正得《まさなり》子爵）は家出して三多摩の方で死体となって発見された事があるが主人もそうでなければよいがなあー』と心配顔で話していた。又『進駐軍にでも呼出されて行っているとも思われる。これ迄時々進駐軍から呼ばれて行った事もある』と云っていた。（中略）

同日午後三時頃同情報係西野部長が下山さんの失踪を知らず訪ねた折、夫人は、『今日午前九時半迄に役所へ行っている筈なのに行っていないのはどうしたのでしょう』『昨晩は十一時頃帰宅して眠れないと云って睡眠薬を飲んで寝ました。五日は午前七時頃起きて同八時十五分頃家を出かけました。昼間の事ですから自動車もろとも連れて行かれる事もないと思います。何処かで昼寝でもしていればよろしいのですが、皆さんに御心配をかけて済みません』と云っておられた。其後一両日して西野部長が訪ねた折、夫人の話では、『主人は自殺ではありません。長男が久しぶりで夏休みで帰ってくるのでもし主人が自殺するなら、家族一同で別れの食事位とるでしょう』（中略）

佐藤東調布署長が七月六日の朝下山邸へ弔問に寄り、変った事はないか、又遺書でもなかったか尋ねると、奥さんは、『一週間ばかり前に普段は自分が持っている金庫の鍵を渡しましたが変っている事はそれだけです』と云っていた」

発言を、ざっと時系列でまとめる。下山が行方不明になった7月5日の段階では、妻は進駐軍の呼び出し、昼寝、家出、自殺など様々な可能性を考えたが、死体で見つかった6日以降は「自殺ではない」「変わったこともなかった」などと、自殺を否定するようになった。

ところが、白書は妻の言葉をこう総括している。

「七月五日失踪当日、総裁夫人は北多摩で自殺した高木子爵の様にならねばよいがと云う様な事を漏していた点に付いては何か思い当る事があるものと推定される」

まるで、妻が自殺説に傾いているかのような書きぶりだ。妻は最終的に「主人は自殺ではありません」と主張するようになったことを記しているにもかかわらず、この解釈は、あまりにも強引だと思えてならない。

同じ章に「総裁未亡人　下山よし子の言によれば」で始まる項目もある。下山が着ていた服や靴、眼鏡、ネクタイなどの入手経緯の説明がほとんどで、最後の方に以下の記述がある。

「七月四日は一日下痢をしていたが医者にかかる程ではなかった。身体が疲れると下痢をする様で前からその様な事はあった。弁当は残してくることはない。七月五日の朝は、御飯茶碗に二杯、味噌汁、半熟玉子、おしんこで朝食を取った」

この後に「だから自殺とは考えられない」という言葉が続いてもおかしくない文脈だが、そうした言葉はない。

下山白書に収められた妻の言葉は、ガリ版資料とは異なり、「遺体の不審点」について一切触れていない。いつも何か食べていた下山の胃の中が「空っぽ」だったという解剖結果も、「監禁でもされていたのではないか」という妻の言葉も、なぜか白書には記されていない。

家族は他殺と信じていた

下山の妻が「自殺」と思っていたように記す下山白書と、「自殺ではない」と明言するガリ版資料を合理的に解釈すると、妻が考えていたのは、こういうことだったのではないか。夫が行方不明になった時点では、自殺の可能性も含めて安否を心配したものの、機関車に体を轢断されるまで半日以上の足取りがはっきりしないことや、長時間空腹だったことが明らかになるにつれ、他殺と確信するようになった――。

それを裏付けるような妻の言葉が、事件から三週間ほどたった7月27日の読売新聞に載っている。この頃には、捜査当局の見解が自殺と他殺に割れていることが広く知られるようになっていた。

「下山を一番よく知つているのは私で少しでもおかしい行動や言語があればすぐ気がつくはずです。一部の新聞が気狂いじみた行動などとひどい報道をしましたがそんな事は絶対にありません。事件前日の四日に持参のお弁当も食べずにぶらついていたといつていますが、この日はひどい下痢を起しいつもの通り朝自動車で出勤しましたが洗足駅の踏切りまで行つて引きかえし〝下痢がひどく役所までがまんできない〟といつて便所に入つて出直したくらいでこの日に昼食を食べなかつたことは少しも不思議ではありません。アイスクリームをズボンにこぼしたとか人のお茶を飲んだとか言いますが下山が若いときからものを食べるのが下手で洋行中一緒だつた人はよく〝下山さんは食事のとき人の前で時々ものをこぼすのでヒヤヒヤしました〟と笑話をしたこともありましたがいまでも時々ネクタイにミソ汁をこぼしたりしてみんなに笑われることもありました。当日朝もちゃんとヒゲをそり洗面所で会つた次男の俊次に〝ヤアヤア〟と元気に朝のあいさつをしていましたし、長男の定彦がこの日休暇で名古屋から帰つてくることも知つていましたから自殺するつもりがあるなら長男にも一目会うのが人情でしょうし身のまわり品や事務机の整理ぐらいはするのが普通ではないでしょうか」

妻の言葉を伝える記事は、読売新聞に関して言うと、下山の行方不明を報じた7月6日付と、前記の7月27日付の紙面ぐらいだ。翌年の一周忌の記事で、「いろいろとお世話になりありがとうございました」と記者団に語ったことが報じられて以降は、全く見当たらなくなる。他紙も似たような状況で、下山事件の数ある関連書籍にも、妻の証言をクローズアップしてじっくり向き合ったものは見当たらない。その理由を探るうち、手がかりになりそうな記事が195

0年6月21日の読売新聞にあった。事件から約1年の特集に、遺族の思いが載っている。それを語っているのは次男の俊次だ。

「私たちは皆が励まし合つて父が生きていた時と同じように明るくやっています。表札（注・下山定則の）を出しているのもそのため、母がお会いできないのもフンイキを乱されたくないからです（中略）もちろん自殺などとは判断しません（中略）一時田舎に引越すなどと伝えられましたが事件解決までこの家を守りぬきます」

妻は、報道各社の取材を断っていたようだ。推測を交えれば、世論や捜査状況がどうであれ、妻の中では「他殺」で決着がついていた。いつまでも「悲劇の家族」に仕立てられるより、事件前と変わらない生活を送ることで、子供たちに前を向かせようとしたのではないだろうか。

先にも触れたように、下山の妻は1982年に亡くなっているが、4人いる子供の誰かに会えれば、残された一家が何を思っていたかを聞けるかもしれない。そう思い立ったのは、2022年春だった。過去の新聞記事などを調べ、次男以下3人は、すでに亡くなっていることが分かった。長男は国鉄に勤めていたことは分かったが、現在の連絡先はもちろん、健在かどうかも分からない。鉄道会社の友人にも調べてもらったが、それでも分からなかった。

古い電話帳から、ようやくそれらしい連絡先を見つけたときは冬になっていた。同姓同名の他人かもしれないが、とにかく当たってみるしかない。電話をかけると、しばらく呼び出し音が続いた後、受話器を取る音がした。

「人違いだったら、すみません。国鉄にお勤めだった下山さんのお宅でしょうか」

「はい、そうです」

よかった、間違いない。電話口の女性に用件を伝え、電話を代わってもらうようお願いした。少し間を置いて、返事があった。「主人は1月に亡くなりましたの」「そうでしたか……。遅かった。さっきまでの高揚感が急速にしぼんでいく。1月までご存命だったのですね……」。どうにか言葉をつなぎ、お悔やみを伝えて電話を切った。深いため息が出た。

事件当時、長男はまだ大学生だった。プライバシーなどない時代、残された家族には、世間から容赦なく好奇の視線が注がれたはずだ。長男はきっと、父親を突然失った衝撃と悲しみに耐えながら、弟たちを励まし、母親を支えたのだろう。やがて下山と同じように国鉄に勤めたが、常につきまとう「下山総裁の長男」の重圧は、いかばかりだったろうか。その波乱の生涯を思い、冥福を祈った。その一心で、お供えを送ったところ、お礼の品とともに丁寧な手紙をいただいた。「下山家は母を守って主人を中心に固い絆の一家でございました」とあった。

下山家の墓は、東京都府中市の霊園にある。実は、かなり前に別の場所に移されていたことを後になって親族から聞いたが、墓石はそのまま残っていた。その冬、本書の元になる連載を始める報告をしに訪ねた私は、墓誌に刻まれた文字に目を凝らした。どうしても自分の目で確かめたいことがあった。下山の死亡日は、もし自殺ならば下山を轢断した貨物列車が現場を通過した「7月6日」未明となり、他殺ならば解剖結果から「7月5日」夜となる。墓誌にはこう刻まれていた。

日本國有鉄道総裁　下山定則　昭和二十四年七月五日薨享年四十九歳

家族は他殺と信じていた。

第四章　元検事の「捜査秘史」

担当検事による私的メモ

会社でパソコンに向かっていると、1通のメールが届いた。2021年9月中旬のことだ。差出人は永瀬一哉とある。神奈川県立高校で地理歴史・公民科を教え、その年の春に退職した人だ。私が若手だった頃、取材で知り合って以来、交流が続いている。いつもの近況報告だろうか。

「さて、本日は一つ資料を見て頂けないかと思い、ご連絡申し上げました。資料とは1949（昭和24）年、国鉄下山総裁が常磐線で轢死体となって発見されたいわゆる下山事件を捜査した東京地検の担当検事にかつてお目にかかり、事件に関する私的メモを頂きました。長くそのままにしていたのですが、今般退職して時間ができましたので記載されている内容を確認しました。このことについて木田さんにお話しさせて頂けないかと思った次第です」

思わず息をのんだ。永瀬は私が下山事件を追っていることを知らなかった。知り合ったのは20年ほど前、彼が取り組んでいるカンボジア支援活動を取材したのがきっかけだ。それから時々、近況報告を兼ねて会うようになったが、話題は教育現場やカンボジア情勢のことばかりだった。その人が下山事件の「新資料」を長年保管し、たまたま私に声をかけたというわけだ。何という偶然だろうか。そして、下山事件を捜査した検事の「私的メモ」など聞いたこともない。


自殺とみて捜査した警視庁捜査一課の警察官たちは後年、書籍を出版したり、新聞のインタビューに応じたりして積極的に自殺説を主張した。自殺説に立つ捜査報告書「下山白書」も、出どころは捜査一課とされる。そんな「饒舌」とも言える自殺説陣営とは対照的に、他殺の線で事件を追った東京地検の検事たちは沈黙を貫いた。知る限り、検事が書いた下山事件の書籍はない。事件について何も語らなかった検事が一体、何を書き残したというのだろう。

二週間後、私と永瀬は、東京郊外の駅ビルにある中華料理店で向き合った。昼時の店内は満席で、食器の触れ合う音が絶え間なく耳に入ってくる。

「木田さんならご興味を持っていただけるかと思ってご連絡したのですが、まさか下山事件をずっと追っていらしたとは……」

彼は、かばんから資料を取り出し、こちらに差し出した。８枚からなる文書の表紙には、「下山事件捜査秘史　元東京地方検察庁検事　金沢清」とタイプ打ちされている。これまで存在自体が知られていなかった文献だ。私的な備忘録なら、タイトルや役職名まで記さないだろう。誰かに読まれることを前提に書かれたことは明らかだった。

金沢清という名前は、この取材を始めて以来、何度も目にしていた。１９１２年（大正元年）12月、茨城県生まれ。１９３８年（昭和13年）に中央大学法学部を卒業して検事になった。『日本紳士録』（交詢社出版局編、ぎょうせい）にはそんな経歴が記されている。下山事件当時は36歳ということになる。

他殺説の最大の根拠となったのは、東大法医学教室が出した「死後轢断」という解剖結果だが、その解剖を東大に依頼したのが金沢だった。東大が作成した鑑定書の冒頭にはこう書かれている。「下山事件関係について　桑島直樹外《ほか》三名鑑定　一　昭和二四年七月六日　東京地検検事金沢清の鑑定嘱託」

永瀬は説明する。「30年ぐらい前、教え子から『身内に下山事件を捜査した元検事がいます。いちど話を聞いてみませんか』と誘いを受けたんです。それで、お話を伺いに訪ねたのが金沢さんでした。お会いしたのは、確か２回だったと思います。そのとき金沢さんから手渡されたのが、この捜査秘史でした」。後日、永瀬を金沢に引き合わせた「教え子」を探し出して確かめたところ、はっきりとこの出来事を記憶していた。1回目に会ったのは新宿区にあった金沢の弁護士事務所、2回目は横浜市内にあった金沢の自宅だったという。金沢がすでに亡くなっていることも聞かされた。

永瀬は、もらった捜査秘史を自宅に保管していたが、2021年春に退職後、教員時代に使った資料や教材を整理していて、久しぶりにこの文書を読み返し、記事になるかもしれないと思って私に連絡したのだという。私はさっそく、手渡されたばかりの「新資料」のページをめくり始めた。

事件前の「二つの予兆」

金沢が「捜査秘史」を書いた日付は1983年11月とある。すでに退官し、弁護士をしていた時期だ。B5判2枚とB4判6枚に印字された文書は全部で18章。1〜4章には占領期の労働運動や国鉄発足などの「事件前史」が、5〜18章には下山事件の回想や論点が書かれている。事件当夜から翌日にかけての情景描写には、初めて目にする情報も多い。読み進むうち、私は下山が行方不明になった1949年7月5日に引き込まれていった。

「私は、七月五日鈴木雄一郎検事外《ほか》事務官数名と宿直勤務に就いた。私は右任に赴くに当り地検労働係勝田検事からつぎのような引継ぎを受けた。『本日下山総裁は国鉄の人員整理に関しGHQ当局と打合せの予定になつていたのであるが、出勤途中三越本店に立寄つたまゝ未だに行方不明となつている。国鉄ではこれを警視庁に通報し、同庁では総裁の自動車が盗難にあつたとしてそのナンバーを手配して捜査中である。総裁の運転手は夕方まで三越で総裁を待つていたが、午後五時のラジオのニュースで総裁の行方不明が報じられたのを知り驚いて国鉄本部に電話連絡したという。運転手は総裁の行方について鍵を握つているとも思われるので場合によつては身柄を拘束して取調べることになるかも知れぬから、その際警視庁からその旨の連絡があつたら直ちに通報されたい』ということであつた」

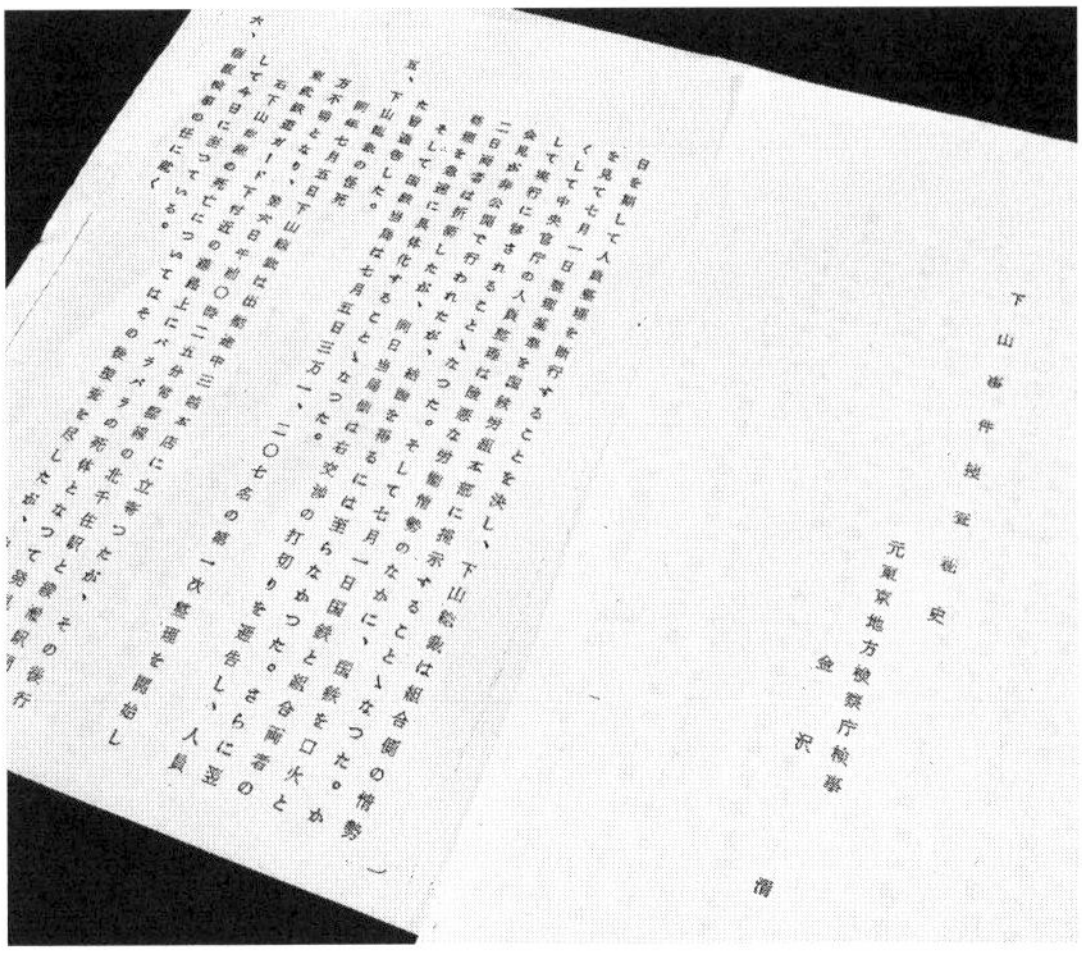

捜査にあたった金沢清元検事が書き残した「捜査秘史」（写真提供・読売新聞社）

事件当夜、金沢が宿直に入った時点では、東京地検は下山の失踪に関して何の情報も持っていなかったことが分かる。ところが、検事たちが知らないところで、この事件では3日前から、二つの「予兆」ともいえる出来事があった。「秘史」の記述からちょっと離れて、関連の文献から紹介しておきたい。

7月2日、銀座4丁目交差点の服部時計店ビルにあった韓国代表部に李中煥という「情報屋」の男が現れ、書記官にこう話したという。「きょうは、日ごろめんどうかけているので恩返しをしたいと思ってきました。下山国鉄総裁を列車で轢かせる殺人計画が進められています。殺しておいて自殺にみせかけるのですが、やつらはかならず実行します。いまのうちに計画のあることを総裁に教えてやれば、総裁の命も助かるし、代表部も日本政府から感謝されるでしょう」(『謀殺 下山事件』)。この情報屋の言葉は「下山を列車で轢かせる」「殺しておいて自殺にみせかける」と、下山事件の重要なポイントを予言している。だが、書記官は相手にせず、これを誰にも伝えなかった。

さらには事件前日の7月4日午前、国鉄の駅の売店などを運営していた鉄道弘済会本部に電話がかかってきた。受けたのは宮崎清隆という元憲兵の職員だ。

「恰度その時私は勤務先である台東区上野黒門町一番地の鉄道弘済会本部三階の社会福祉部で事務を執っていたので、早速電話口に出たところ、電話の相手は『もし〳〵宮崎さんですか、宮崎キヨタカさんですか宮崎セイリユウさんと言うんですか』と、私の名を確めるかのように言う。そこで私は友人のいたずらだろうと思い、笑いながら『どちらでもいいじゃないか』と言ったところ『一言、伝えておくことがある。今日か明日、近日中に吉田か下山かどちらかを殺してやる。お前が騒いだり人に言ったり、邪魔したらお前も生かして置けぬ』と言った。私はそれでもまだ冗談かと思いながら、『冗談じゃないよ、一体だれだ』と問い返えすと、『だれでもいい。いずれ革命の時機が到来したら黒白を戦場でつけよう、その時わかる』と言うなり電話はフッツリと切れてしまった」（『日本週報』141号、1950年2月）

この当時、下山と並んで標的として名を挙げられる「吉田」といえば、吉田茂首相と理解するのが自然だ。国鉄の人員整理に対する強い反発をうかがわせ、「革命」という言葉は、共産主義者かそれを装った人物を想起させる。政府の要人殺害を予告する怪電話の内容を、宮崎は上司に伝えたが、それきりになってしまった。

宮崎については後述するが、情報屋の李中煥に関する不可解な後日談をここで紹介しておく。韓国代表部への情報提供から間もなく、李はGHQの参謀第2部（G2）に属する対敵諜報部隊（CIC）に逮捕された。CICはソ連側のスパイ活動などを監視する組織だ。事件翌年の3月、小倉刑務所に収監されていた李を聴取するため、東京地検の布施健検事と検察事務官が出向いた。李は自分が耳にした下山の殺害方法などを供述した。注射をして下山の呼吸を止め、腕の血管を切断して血を抜いたとの内容だ。ところが、布施たちが東京駅に戻ってきたところで、供述調書はカバンごと盗まれてしまう。29年後、供述調書は思いがけない場所で見つかった。スクープした産経新聞の記事を引用する。

「サンケイ新聞は五日までにワシントンの米国立公文書館で、当時、東京地検で同事件担当の主任検事だった布施健元検事総長が、九州の刑務所に出張尋問して作成した『供述調書』と、この調査についてのGHQ関連文書を入手した」（1979年7月6日）

供述調書の盗難は、単なる物盗りの犯行ではなかったのだろう。下山事件の背後に広がる闇を思わずにいられない。

「死後轢断なりや否や」を鑑定事項として追加

さて、「捜査秘史」の内容に戻ろう。「翌六日午前三時ころ警視庁刑事部長から地検宿直室に電話があり、『下山総裁の死体が常磐線綾瀬駅付近の東武線ガード下で発見されたから現場に急行されたい』ということであった。当夜偶々《たまたま》布施（注・布施健）副部長検事（ロッキード事件当時の検事総長）が在庁していたので同検事らと共に即刻現場に急行した。現場付近には報道関係の自動車が数台来ていたが警視庁の鑑識車は未到着であつた。併せてそのころは豪雨中であつたゝめ付近の民家で一時待機した」

現場到着時は豪雨だったという金沢の記憶は、気象庁の記録からも裏付けられる。6日の東京地方の1時間雨量は、午前3～4時が5・5ミリ、4～5時が13・1ミリ、5～6時が6・2ミリだった。金沢が午前3時頃に警視庁から連絡を受けて千代田区の東京地検を出発し、直線距離で約11キロ離れた足立区の遺体発見現場に到着したのは、最も雨が強かった4～5時頃だったのだろう。1時間あたり13・1ミリの雨は、予報用語で「やや強い雨」に相当する。イメージとしては「ザーザーと降る」状態で、木造家屋の中では「雨の音で話し声が良く聞き取れない」レベルだという。

やがて警視庁の鑑識車が到着し、現場検証が始まった。「総裁の死体及び衣類は東武線ガード下から下り方面へかけて約五〇メートルの区間に亘り寸断されて散乱しており、目もあてられぬ惨状であつた。事件解明のポイントは総裁の死因が自殺か他殺かである。そのためには現場の足跡、その他の痕跡及び出血の状況等の究明が必要であるところ、出血状況については当時豪雨のため洗われて殆《ほと》んど不明であつた。また、足跡等については前記の如く事件発生後現場に多数の者が立入つてしまつたゝめ、事件発生前後の状況の識別は極めて困難であつた」

現場の様子は中立的な書きぶりだ。東京地検は他殺説の立場だったが、金沢は「出血状況がほとんど不明」「多数の足跡がついたため、発生当時の状況の識別が困難」と、他殺説に不利なことも記している。

下山の死体は東大で解剖されることになった。それを東大に依頼したのが金沢だったことは先述したが、その舞台裏をこう記している。「死因については私が東京大学に鑑定を嘱託したのであるが、鑑定事項については特に馬場（注・馬場義続）次席検事（後の検事総長）の指示を受け、一般の鑑定事項の外に特に『死後轢断なりや否や』を追加した」

目を引くのは、「特に『死後轢断なりや否や』を追加した」という部分だ。確かに、鑑定書には鑑定事項として「1　傷害の部位程度　2　生前に轢かれたるや、又は死後に轢かれたるや（中略）9　その他参考事項」と記されている（『資料・下山事件』）。

現場で死体を調べた東京都監察医務院の八十島信之助医師は「轢死」と判断した。列車に轢かれて死亡したことを意味し、自殺した可能性が高いという見立てだ。それにもかかわらず、なぜ東京地検は八十島の「轢死」という判断を差し置いて、死後に轢かれたかどうかを調べるよう東大に求めたのだろうか。

その手がかりになりそうな記述が、矢田喜美雄の『謀殺　下山事件』にある。

「検証を終えた一行は西新井署にいったん集まった。西新井署では、東京地検の布施検事から八十島医師に対し、『他殺ではない』とする検証の証拠を教えてくれるよう説明を求めた。（中略）八十島医師はこれに対し次のようにいった。――頭と右肩の轢かれた傷跡と、死体に死斑がなかったことは、飛び込み自殺者の場合によく認められることだ。死斑のないということは大きな損傷がある場合は多く起こりうる。したがって本件死体は生体が轢かれたものの可能性を示す。布施検事は、この八十島医師の説明ではなお納得できなかった」

八十島は死体の外見から、法医学の一般論で自殺の可能性が高いと判断した。しかし地検側は、「他殺の可能性」を排除できなければ自殺とは断定できないと考えたようだ。

東大での解剖には金沢も立ち会った。「捜査秘史」の「死体解剖による死因の鑑定」という項目には、こう記された。「睾丸の一部及び手掌に僅かな出血が認められるがその他には全く生活反応（出血）が認められなかつた。従つて総裁の死体は死後轢断（列車に轢かれた時には既に死亡していた）と認められる。右睾丸の出血は生前足蹴にされたような場（注・「場合」のタイプミスか）に生じた可能性がある。それゆえ鑑定結果は他殺と認められるということであつた」

ここまでの金沢の記述は、当時の読売新聞の報道とも一致する。

「五日朝日本橋三越本店から消息を絶つた国鉄総裁下山定則（四九）氏は十五時間目の六日早暁零時廿五分ごろ足立区五反野南町九三四さき常磐線鉄路上に寸断された轢死体となつて発見された。東京地検馬場次席検事、警視庁堀崎捜査一課長らが検視の後死体を東大に移し桑島博士の手で解剖に付したが、その結果諸般の事情と併せて捜査当局では下山総裁の死は他殺と断定、捜査本部を警視庁に設け直ちに犯人追及の本格的捜査を開始した」

国鉄幹部は自殺説を強く否定

捜査が始まると、やがて下山の死をめぐって、警視庁捜査一課は「自殺」、東京地検は「他殺」と、正反対の見解を持つようになる。警察と検察がバラバラに捜査し、正反対の見解を持つのは奇異なことのように思えるが、そうなった理由を金沢はこう記す。

「一般の殺人事件では検事は警察の送検を受けて捜査に着手するのを例としているが、下山事件についてはその重大性から警察の捜査と並行して検察庁でも捜査を進めることゝなつた。そして地検では布施、私、佐久間の三検事が担当することゝなつた」

金沢は、主に国鉄内部や下山の近親者の取り調べにあたった。「国鉄内部関係者の取調べには総裁室（当時空室）を提供された。国鉄副総裁以下国鉄幹部及び国鉄ＯＢ（鉄道弘済会、日本交通公社）等から総裁の事件前の状況等について聴取したのであるが、その結果総裁の健康及び勤務状態並びに行動には何等の異状がなく、また、ＧＨＱとの国鉄人員整理に関する交渉については主張すべき点は充分に主張して問題視さるべき点は見受けられなかつたとのことであつた。また総裁の妻その他の親族の捜査結果も自殺を窺わせる点は認められなかつた」

国鉄関係者を取り調べた金沢が、「総裁の健康状態や行動に異常がなかった」と書き残した事実は、重い。というのは、「下山白書」は、国鉄関係者らの証言から下山の行動は「常規を失していたと判断される」と結論づけ、精神不調による自殺の根拠としたが、それを真っ向から否定するものだからだ。

そもそも、国鉄幹部は自殺説を強く否定している。事件当時、国鉄副総裁だった加賀山之雄はこう語った。

「状態は自殺しなければならん状態でもなんでもないんです。追いこまれていたわけでもない。やることはやる、断固と七月五日に発表するということで、これは下山君百も承知なんです。もうニッチもサッチもいかないという状態じゃ絶対ない」（『資料・下山事件』）

当時の職員課長で、後に国鉄総裁になった磯崎叡《さとし》は、「鉄道員・下山定則」のプライドにも思いをはせて、こう断言する。「まず自殺説はありえない。大量解雇は法律で決められたことで、残る五十万職員のためにも絶対必要だった。担当者は悩んでいるいとまもなく目的のため突進していた。死の前夜、冷や酒で乾杯した時の上機嫌ぶりも忘れられない。また機関車課長や運転局長を経て総裁になった下山さんは、時に一人で機関庫に行き機関士たちと話しこむほどの機関車好きだった。そんな下山さんが自分の血で機関車を汚し、機関士に迷惑をかけるよ

うなことをするはずがない」(『私の履歴書　経済人27』日本経済新聞社)

金沢の記述は、こうした証言を補強するものだ。

もう一つ、私が注目したのは「総裁の妻その他の親族の捜査結果も自殺を窺わせる点は認められなかった」という記述だ。東京地検の捜査書類とみられる「ガリ版資料」には、「自殺に非ずとする下山総裁夫人の供述」と題された文書がある。下山の妻が根拠を挙げて自殺を否定する供述が記録された文献だ。供述内容は、金沢が捜査秘史で「妻その他の親族の捜査結果も自殺を窺わせる点は認められなかった」と書いたことと一致している。それはつまり、こういうことを意味してはいないだろうか。「ガリ版資料『自殺に非ずとする下山総裁夫人の供述』を書いたのは、下山の妻を聴取した金沢本人だった」

ガリ版資料は捜査経過が詳しく記されており、「捜査秘史」は下山事件を捜査した検事自ら書き残したことが明白だ。この二つの文献は、セットで互いに価値を高め合う関係のように思える。

目撃された紳士は下山総裁だったか

さて、下山事件の捜査では、警視庁捜査一課が自殺説をとり、東京地検が他殺説をとったこ

東武線五反野駅の近くにあった末広旅館（1949年7月、写真提供・読売新聞社）

とはすでに書いた。金沢は、捜査一課が自殺説をとった経緯についてこう記す。

「警視庁捜査一課における捜査によれば、三越から地下鉄に入る付近、前記末広旅館及び現場付近等で総裁らしき者を見たという数名の者があつた。反面多殺（注・「他殺」のタイプミスか）に関する有力な事実は浮び上らなかつた。そのため総裁は自殺したのではないかとの見解が強くなつた。しかし総裁が事件前に着用していた眼鏡、ライター、シャープペンシル、ネクタイ等は発見されなかつた」

末広旅館は前述したように、足立区の東武線五反野駅近くにあった。下山の死体発見現場からは直線距離で700メートル弱に位置する。末広旅館のおかみ、長島フクの証言は、捜査一課がまとめたとされる報告書「下山白書」にこう記されている。
「七月五日午後二時頃にお客さんらしい人が見えて三男正彦が言うので出て見ると上品な男が玄関に立って居た。『六時頃迄休ませて呉れ』と言うので主人に聞いて二階四畳半に案内して窓を開けると窓に腰かけて『涼しいですねー。水を一杯下さい』と言い、（中略）宿帳に記入方を申出ると『それは勘弁して呉れ』と言うので其の儘一番良い布団を持って上って下に降りた。（中略）其の男の人相着衣を申上ると丈五尺七寸位、色白面長ふくらみのある顔で眉毛の間が普通の人より空いていてロイドの眼鏡をかけ髪七・三に分けて居り上品な優しい顔でした。それで無帽で鼠色背広、白ワイシャツ、ネクタイをしてチョコレート色ヒダの在る進駐軍様の靴、紺木綿の靴下、黒革財布、眼鏡」（『資料・下山事件』）

下山と思われる男性と言葉を交わし、その服装やしぐさをつぶさに見ていた――というわけだ。自殺説に立つ捜査一課は、下山が自分の意思で死体発見現場付近まできた証しとして、この証言を最重要視した。下山白書で「人相着衣態度所持品等総合して下山総裁と認められる」と、「お墨付き」を与えている。

下山白書には、おかみの証言を補強する供述も収められている。東武線の五反野駅員の証言だ。「七月五日は私の勤務日で精算係をして居り、午後一時四十三分着の浅草発大師前行電車が到着したので改札口に居りましたら下車客は二十人位で、其の中頃に一人の男が私に切符を渡してから、『此の辺に旅館はないですか』と尋ねられた。御客の切符を全部受取てから其の男に私は駅を出て以前から知って居る末広旅館を教えてやりました」

のちに下山の死体が見つかる常磐線付近では、この日の夕方から夜にかけて、きちんとした身なりの男性がぶらついているのを複数の住民が目撃している。これらの目撃証言を総合すると、三越で姿を消した後、地下鉄と東武線を乗り継いでふらりと末広旅館に現れ、少し休んだ後、常磐線付近を歩き回っていたのは下山本人のようにも思える。ところが……。

金沢は、自殺説と他殺説の論点を示した18章にこう書く。

「総裁の行方不明とされた後の目撃者の供述内容の信憑性如何《しんぴょうせいいかん》」

これ以上の記述はなく、目撃証言の信頼性を問題にした理由は示されていない。しかし、目撃された人物がすべて下山だったとすると、つじつまが合わない点が確かにいくつも出てくるのだ。

まず、下山は三越が開店する午前9時半まで、神田駅や千代田銀行を公用車で巡る謎のドライブをしている。もし、自殺を決意して三越前駅から地下鉄に乗るつもりだったなら、三越の開店時間を待つ理由はない。浅草方面行きの始発電車は午前5時台で、午前9時台には4分30秒間隔で運行していることが当時の時刻表で確認できる。

東武線五反野駅で駅員に話しかけた男性は切符を出しているが、死体発見現場では下山名義の東武鉄道の優待乗車証が見つかっている。下山は切符を買わなくても東武線に乗車できた。そして午後2時頃に末広旅館を訪れたのが下山だったなら、三越から五反野まで4時間半もかけて移動したことになる。地下鉄と東武線を乗り継ぐ経路ならば、長く見積もっても1時間あれば着く。どこかに寄り道したのならば、日中にもかかわらず目撃情報がないのは不自然だ。見通しのきかない日没後の五反野を歩き回る紳士の目撃情報が複数寄せられていることを考えると、釣り合いが取れない。これらの矛盾は、「目撃された男性が、すべて下山だとは限らない」と考えれば、説明がつく。

〝加筆〟された旅館女将の供述

自殺説の切り札とされた「長島フク証言」については、ジャーナリストの斎藤茂男が著書『夢追い人よ』に、こう記している。「末広旅館の女将を調べた当時の東京地検検察事務官はいまでもこう断言するのである。『警視庁の報告を聞いて、どうもできすぎているという感じがした。案の定、直接会って聞いてみると、あんなわずかな接触ではわかるはずもなく、記憶に残るはずがない細部の模様がはっきり供述されるので、信がおける証言ではないと判断した。そこでためしに前日、女将を調べた検察官の服装を尋ねてみたら何も記憶に残っていない。結局あの証言からは、それらしい人物が現われたのは事実だといえても、下山総裁そのものが現われたとはいえないと断定した』」

信がおける証言ではない――。この検察事務官の報告は当然、金沢の耳にも入っていただろう。金沢も長島フクの証言に、裏付ける証拠がない点を重く見ていたようだ。30年ほど前、捜査秘史を手渡された永瀬は、金沢の了解を得て、そのときの対話をテープに録音していた。金沢はこんな発言をしている。

金沢「近くの何とかいうね、旅館のね、おかみあたりを調べているんですよ」
永瀬「はあ」
金沢「何と言ったかな、ちょっと忘れたなあ、ねえ。それと私、聞いてね、問題は指紋がとれれば、総裁のね」
永瀬「あー」
金沢「お茶を出したって言うんですけど、お茶わん洗っちゃったって言うんで指紋がとれないですよ。指紋がとれれば絶対ですよね」
（中略）
永瀬「（指紋が）テーブルについていたとかいうことはないんですか」

金沢「ないです。ですから、現場から、あのー、証拠としては、後はね、あのー、あそこの旅館の応対に出たあの旅館主のね、証言の信憑性ということになりますよね」

旅館主の証言の信憑性……。今となっては限られた文献から探るしか方法はない。それでも、各文献にある長島フクの供述をよく読み比べてみると、重要な部分が「加筆」されていることに気づく。

長島フクの供述は、警視庁捜査一課主任だった関口由三が聞き取った。その供述内容は、1970年に刊行された関口の著書『真実を追う――下山事件捜査官の記録』(サンケイ新聞社出版局)に、「供述調書(7月10日付)」として5ページにわたって収められている。下山らしき男性が代金を支払った場面は、こう記されている。「財布を上衣の右のポケットから出して、中から百円札で三百円出してくれました」

ところが、である。捜査一課がまとめたとされる「下山白書」(8月15日作成)の長島フク供述には「黒革財布から二百円とチップを百円出して(何れも古い百円札)渡し」た、と書いてあるのだ。一体どうして、「札が古いものだった」という細部を書き加える必要があったのだろう。

よく読むと、関口の著書に収められた長島フク供述の日付は「7月10日」、下山白書に収められた供述の日付は「7月12日」とズレがある。しかし、関口は著書で、12日の聴取は「補足的なもの」で、衣類に関する証言だったと記しており、供述の根幹部分は10日に聴取したことが分かる。つまり、関口が7月10日に作成した長大な供述調書にはなかった「古い百円札」が、8月に作成された下山白書に収められた供述で急に登場した、ということに変わりはない。

考えられる理由の一つは、関口が供述調書を作った7月10日と、下山白書が作成された8月15日の中間にあたる7月21日に開かれた東京地検と警視庁の合同捜査会議だ。この日の会議で東京地検が配ったとみられる文書が、足立区立郷土博物館が所蔵する「ガリ版資料」に含まれている。その文書には、こんな一文がある。

「下山総裁の所持品中百円札は全部古いものであるのに末広旅館の女将は新しい札を受けとったと供述している矛盾を如何に見るか」

長島フクが「新しい札を受けとった」と供述したことが、はっきり書いてある。下山の遺品の札は全て古かったのに、支払いをした男性が新しい札を出したのであれば、別人だったのではないか。そんな疑問を東京地検が警視庁に突きつけた形だ。

よく考えれば、下山が新しい札と古い札を同時に持ち歩いていて、旅館への支払いには新札だけを使い、古い札だけが財布に残っていたという可能性も捨てきれない。札の新旧は、末広旅館に現れた男性が下山とは別人だったことを証明する根拠としては、弱い感じもする。

それでも、長島フクの証言を最重要視する捜査一課は、この指摘を見過ごせなかったのだろう。下山白書の供述の加筆は、こんな経緯で起きた可能性が考えられる。7月上旬の関口の聴取では長島フクは札の新旧に言及しなかったが、東京地検の調べには「新しい札だった」と供述した。東京地検が、合同捜査会議で遺品との矛盾を警視庁に突きつけると、捜査一課は下山白書では「古い札を受け取った」と加筆し、つじつまを合わせた――。

下山事件を扱った書籍の中には、東京地検が指摘した「新しい札」は、捜査事実ではなく新聞報道だったと書いたものもある。仮にそうだったとしても、当初の供述調書になかった百円札の「古い」という形容詞が、下山白書で突然登場した不可解さは解消しない。

末広旅館の警視庁人脈

「証言の信憑性」にかかわる問題はまだある。末広旅館の「人脈」だ。長島フクの供述を聞き取ったのは、先述した通り、警視庁捜査一課の関口由三だった。関口は、1905年（明治38年）生まれで、1931年（昭和6年）に警視庁に入庁。下山事件のときは捜査一課捜査主任で、1961年に南千住署長を最後に退職した。関口の『真実を追う――下山事件捜査官の記録』には、そんな経歴が書かれている。

重要証言者・長島フクの夫は、長島勝三郎といった。この本によると、勝三郎の経歴は次の通りだ。「大正十年警視庁巡査を拝命、鳥居坂警察署勤務、交通、特高係をやる。父長島信也氏は警視庁剣道師範で芝三田で道場を開いていたので、その助教をしていた」

勝三郎は警視庁の元警察官で、その父親も警視庁の剣道師範。つまり、末広旅館は親の代から警視庁とつながりの深い人物が経営する旅館だった。

末広旅館の人脈

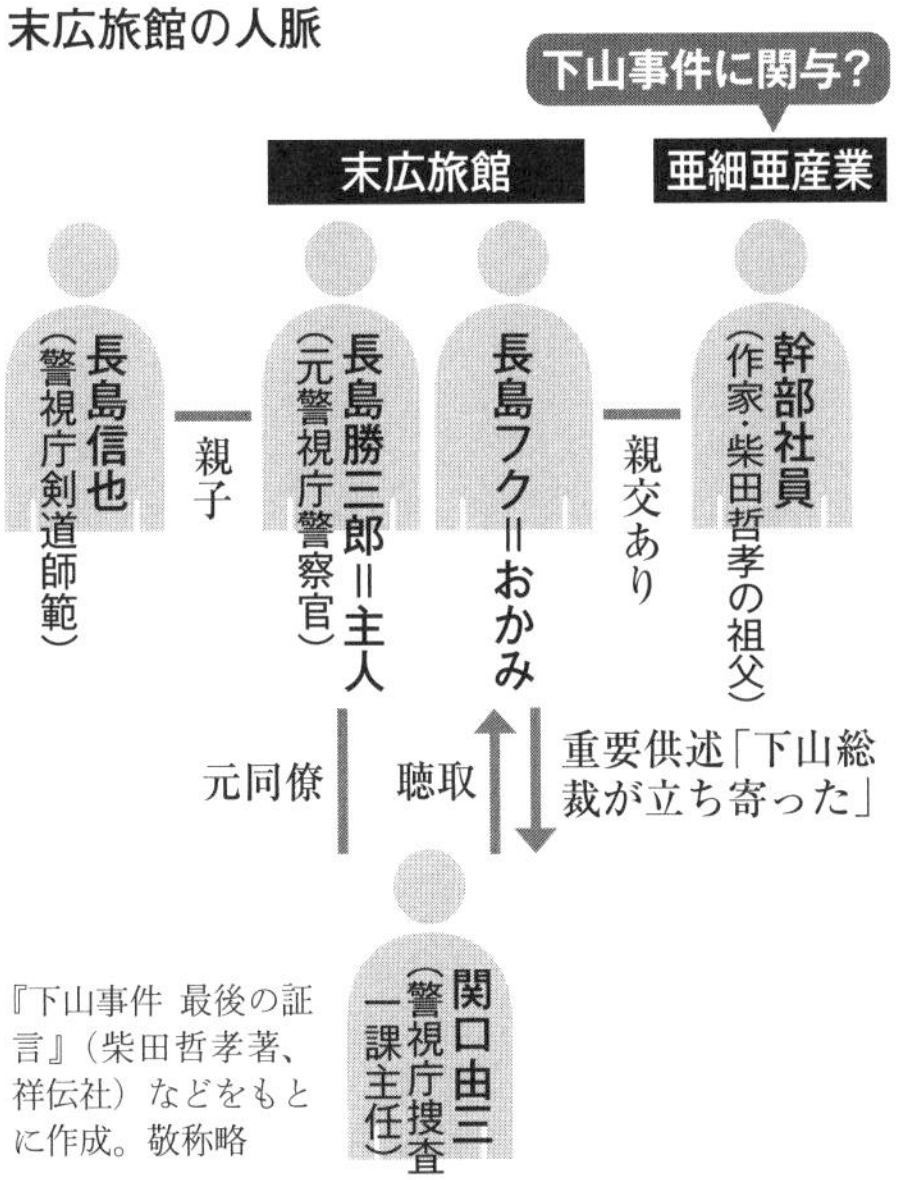

『下山事件 最後の証言』（柴田哲孝著、祥伝社）などをもとに作成。敬称略

それだけではない。勝三郎と関口は顔見知りだったというのだ。諸永裕司の『葬られた夏——追跡下山事件』から引用する。

「捜査一課の数少ない生き残り刑事である金井は、僕との雑談のなかで意外なことを漏らしていた。『最初に通報してきたのは末広旅館の旦那だったけど、この長島勝三郎っていう男は偶然にも私の先輩でね。警察に入って間もないころ、麻布鳥居坂署で一緒だったんだ。そのとき、

（関口由三・捜査一課）主任も顔見知りだった。元特高の警察官なんだよ』」

自殺説の最重要証言を寄せた末広旅館と、その証言を聴取した刑事が、事件前からつながっていたことを意味する。

そして、証言者・長島フク自身の奇怪な人脈に言及しているのが、柴田哲孝の『下山事件最後の証言』だ。この本で柴田は、米軍情報機関員や政界関係者らが出入りしていた「亜細亜産業」という会社が下山事件に関与したとする他殺説を論じている。亜細亜産業は柴田の祖父の勤務先で、柴田家には毎年、長島フクから祖父宛ての年賀状が届いていたという。柴田は同書でこう打ち明けている。

「母の記憶によると、長島フクの年賀状が来ていたのは、昭和二四年から三四年までだという。祖父の年賀状を整理するのは毎年母の役目だったので、よく憶えている。後で調べてみると、長島フクは昭和三四年に子宮癌のために死亡していた。母の記憶と完全に一致する。毎年同じような図柄の年賀状で、旅館の名前と住所が印刷してあり、末尾に直筆で長島フクの名が書き加えられていた」

これらの文献の指摘を、ざっとまとめてみる。親の代から警視庁との縁が深い人物が営む末広旅館を、下山らしき男性が訪れる。その後、下山が死亡すると、他殺への関与が指摘される亜細亜産業とつながりのある女将が、自殺説の決定打となる最重要証言を、夫の警視庁時代の知人の刑事に述べた――という流れだ。そんな偶然に偶然を重ねたようなことが起きるだろうか。

この複雑な相関図から、旅館と周辺で目撃された下山が「替え玉」だったという説や、関係者の口裏合わせなど、様々な推論が浮上したのは無理もない。少なくとも「人員整理に苦悩した下山が、縁もゆかりもない末広旅館にふらりと現れ、少し休んだ後、鉄道自殺した」という自殺説が描く筋書きは、あまりに荒唐無稽に思えてくる。

1948年発行の『旅館案内（関東編）』（日本交通公社）によると、東京都には1000軒以上の旅館があった。都心にいた下山が、わざわざ地下鉄と東武線を乗り継ぎ、謎めいた人脈が交錯する足立区の末広旅館を訪ねた理由を「偶然」で片付けるのは、無理がある。しかも末広旅館には、下山の指紋など本人が訪れたことを裏付ける決定的な証拠がなかった。長島フク証言は、こう解釈するのが自然ではないだろうか。「下山が偶然にも、奇妙な人脈が交錯する旅館を訪ねた」のではなく、「奇妙な人脈が交錯する旅館の女将が、『下山本人が来た』と話している」。

詳し過ぎる供述、それを裏付ける証拠の不在、供述への「加筆」、奇妙な人脈――。担当検事だった金沢が捜査秘史で問いかけた「供述内容の信憑性」とは、表面的な整合性にとどまらず、目撃証言をめぐる不自然な何かを指しているように思えてならない。

担当検事としての無念

捜査秘史は、18章で自殺説と他殺説の論点を示した後、こう締めくくられている。「これら諸点について若干の私見を有するが、私が捜査を担当したのは当初の約一ヶ月間に止まり、その後の捜査内容はその後刊行された雑誌及び書籍の記事等を知るのみであるので、事件の重大性に鑑み私見の公表は差控えたいと思う」

8枚にわたって労働運動などの事件前史や下山事件の論点をつづっておきながら、最後の最後に「私見の公表は差控えたい」とは……。金沢は一体、何を伝えようとして捜査秘史を書き残したのだろうか。同じ検事畑の人が読めば、見えていなかった何かが分かるかもしれない。そう思った私は、同僚の記者を通じて、2人の元検事に感想を聞いてみた。

一人はこう話す。

「この文書を書いた検事は間違いなく、事件が殺しだったという心証だろう。ただ、自分は短期間しか捜査に関わっていないし、中途半端な関わりをもとに歴史的な騒ぎを引き起こしてしまうことを恐れて、最後は含みのある終え方をしているのではないか。また、事件だったとしても被疑者が誰なのか、下山氏を殺す動機が誰にあるのか、というところまでは確信を持っていないし、分かっていないのだろう。自殺か他殺か——と言えば他殺の線が強い、というところでとどまっている感じがする」

もう一人は、こう答えた。

「冒頭で時代背景として、当時の労組の活動や国鉄の首切り、GHQの介入などについて触れている。こうした背景となる事実が、事件に深く関係したとみているのかもしれない。この検事が殺しという心証を抱いているのは、誰が読んでも分かる。左翼勢力が怪しいと思っているからこそ、最初に細かく触れたのではないか。もしそうであれば、自殺として捜査した警察の動きはおかしい気もする。被疑者が左翼勢力の線が濃ければ、警察は積極的に捜査するはずだ。この検事が知らない自殺の決定的な証拠でもあったのだろうか」

金沢が他殺とみていたはずだという点で、2人の見解は一致した。捜査秘史の前段で労働運動に言及している点に着目し、金沢が事件との関連を怪しんでいた証しではないか——という解釈を、私は全く考えていなかった。当時、国鉄労組は右派と左派が経営側や左派政党を巻き込んで主導権争いをしていた。国鉄の人員整理には、共産主義に共鳴する労組員を排除するという政府やGHQの狙いがあった。労働運動に手を焼いていた民間企業の経営者も国鉄の動向に注目していた。下山が進めた人員整理には、様々な関係者の思惑が入り交じっていたのは確かだ。そのあたりを念頭に置いて捜査秘史を読むと、先に引用した「私が捜査を担当したのは当初の約一ヶ月間に止まり」という言葉が、未解決に終わった言い訳ではなく、担当検事としての無念のうめきと感じられる。

東京地検の捜査書類とみられる「ガリ版資料」を所蔵する足立区立郷土博物館の多田文夫学芸員にも意見を聞いた。知りたかったのは、捜査秘史の史料的な価値だ。というのは、捜査秘史に記された内容は、すでに新聞や書籍に書かれていることも多く、自殺か他殺かの心証も明言していない。史料の専門家の目にどう映るのかを聞いてみたかったのだ。返ってきた感想は、予想を超えるものだった。

「私たち公務員には、退職後も守秘義務があります。金沢さんはきっと、公になっていないことも知っていたでしょうが、書けなかった。すでに知られている事実を中心に書いたのは、守秘義務をクリアするためでしょう。でも、私には金沢さんが伝えようとしたことが分かる気がします。例えば、自殺説に言及するときの金沢さんの書き方を見てください。自殺の根拠となる事実を記した後、『しかし』と前置きして、対立する事実を記すのが特徴です。つまり、自殺説を否定しているじゃないですか。事実だけしか書いていないのに、分かる人に思いが伝わる書き方をしているように見えます」

言われてみると、自殺説と他殺説の論点を示した18章で、他殺説は「他殺として」という書き出しになっているのに対し、自殺説は「自殺と仮定して」という書き出しになっている。一見、同じような言い回しだが、自殺説はわざわざ「仮定」という言葉を挟むことで、懐疑的なニュアンスを出しているように見える。

金沢は退官後もメディアの取材に何も語らなかった。1999年7月5日の朝日新聞には「なぞの『下山事件』から半世紀」と題された記事がある。金沢のインタビューが載っているが、事件の核心部分については、こう述べるにとどまっている。「鑑定の絶対性と自殺説の根拠となった関係者の供述の信ぴょう性がどうだったのか、まだ引っかかります。心証ですか？申し上げないことにしています。まだ、デリケートな面がありますから。あんなに歯切れの悪い事件はほかにないですね」

『葬られた夏——追跡下山事件』には、88歳になった金沢を取材した際のやり取りが記されているが、ここでも「詳しいことは勘弁してください」「ただ申し上げられるのは、非常に複雑な時代で、単純に国内情勢だけではなかった、ということです」といった発言に終始している。

守秘義務を貫いた金沢。その当人が、すでに新聞や書籍に書かれていることを書き残すため、わざわざ「捜査秘史」と銘打った文書を作ったとは思えない。捜査秘史を記したとき、金沢は70歳だった。未解決に終わった下山事件について、元検事の思いを、分かる人だけに伝わる形で残そうとでも思ったのだろうか。わずか8枚の文書に込められた金沢の決意の重みを、私は悟った。

第五章　元旋盤工による新証言

博物館に託された「小説」の原稿

「大叔母が描いた見取り図と全く同じだ……。じゃあ、大叔母が言っていた鉄工所って、ここのこと？」

作家の柴田哲孝は、私が差し出した町工場の見取り図を見つめながらつぶやいた。彼は、ノンフィクションの大作『下山事件　最後の証言』と、その取材を下敷きにした小説『下山事件暗殺者たちの夏』（いずれも祥伝社）の著者だ。下山事件研究における、現代の第一人者といっていい。その彼が、明らかに高ぶっていた。

2023年5月12日朝、華やいだ雰囲気が漂う東京都心のホテルのカフェで、私たちのテーブルだけは、秘密を共有する緊張感と、答え合わせをするような高揚感に満ちていた。長年取材してきた「新証言」の重みを確かめるために、私は彼と会っていた。

下山事件の新証言――。私がその証言者に出会ったのは２００９年のことだ。ちょうど下山事件から60年の節目の年で、足立区立郷土博物館は「ガリ版資料」の特別公開を行い、国鉄労組のＯＢは事件を振り返る集会を開いた。私はそれらを取材し、７月５日の読売新聞都民版に「下山事件、改めて語る　きょう60年　国鉄労組ＯＢが集会／検証本復刊／地元で史料展示」という記事を書いた。

それから少し日を置いて郷土博物館を訪ねた。何か貴重な情報が来場者から寄せられていないか、聞きに行ったのだ。展示を担当した多田文夫学芸員は、「旧日本軍関係者の子孫と名乗られる方が来られましたが、これといった情報はありませんでしたね」と、残念そうに首を振った。「ただ、こういうものを置いていかれた方がいます」と、ホチキス留めされた紙の束を差し出した。題名は「小菅物語」とある。数枚めくってみたところ、職人と妻の会話を軸にした自伝的な小説のようだ。走り読みを始めてすぐ、目がくぎ付けになった。本書の冒頭でも触れたが、こんなやり取りが書かれていた。

「あんたやお兄さんがやっていた荒井工業はあの頃一体何を作っていたのですか？　あんたが持っていたあのオーバーは、誰から買ったのですか？　あんな高価なものを」

「あれはお前、鉄道弘済会から特別に買って貰ったものです」

「私は、下山事件に荒井工業が関係しているのは分かっていました。何がどうなのかはよく知りませんが」

「――お前、その様なことはしゃべらない方が良いよ。理由は色々あるがとてもヤバイことなのだ」


下山事件に「荒井工業」が関係している？　今まで聞いたことがない話だし、会社名も初耳だ。ただ、鉄道弘済会といえば当時、駅の売店などを運営しており、国鉄と深い関係があった。そのまま引き込まれるように読み通した。書かれていた内容はこうだ。

荒井工業という町工場では、下山事件の頃、ジュースミキサーを製造して鉄道弘済会に納めていた。駅の売店に置くためだ。弘済会の「ある男」が顧問として工場に出入りしていたが、下山事件の後、姿を見せなくなった――。

初めて読む話ばかりだが、作り話なのか実話なのか見当もつかない。多田によると、小説を置いていったのは高齢の男性で、「あなた方が読んでくれればいい」と言い残して立ち去った。面識はなく、連絡先も分からないという。表紙に記されていた男性の名前をメモした私は、会社に戻って電話番号を調べた。自宅はすぐにわかった。下山が死体で見つかった現場の近くに住んでいた。

15年近くに及んだ証言者とのやり取り

インターホンを押しても、その家は静まりかえっていた。耳が遠いのだろうか。再び押し、あきらめて会社に戻ることを何度か繰り返した。ある日、いつものようにインターホンを押すと、しばらくしてガラス戸の向こうで人影が動いた。そしてアルミ製の引き戸が開き、小柄な高齢者が顔を出した。あの小説を書いた荒井忠三郎という男性で、当時は82歳だった。

「荒井さんが博物館に渡していかれた小説を読んで、興味を持ちました。詳しくお話を伺えませんか」と、用件を伝える。彼は「ああ」と、困ったような笑みを浮かべた。「あれは物語だからねえ」

架空の話だったのか……。下山事件の新たな手がかりを得る気でいた私は、早々に気勢をそがれてしまった。「とても重要な内容だと思ったのですが、実話ではないのですね」と念を押す。「そう、あれは実話をもとにした物語なんだよ」

反射的に顔を上げた。実話がもとになっているのであれば、あの小説を実話と創作に分解すれば、新事実を浮き彫りにできるんじゃないか。聞きたいことは山ほどある。しかし、玄関先の立ち話で詳細な検証などできるはずもない。それに、彼は「書いたこと以外は何も分からないよ」と、明らかに気乗りしていない。ここで無理に粘るのは得策ではなさそうだ。いったん辞して、時間をかけて取材を続けることにした。

こうして始まった彼とのやり取りは、想像したよりはるかに長く、15年近くに及んだ。私が異動で東京を離れたり、本業の取材が忙しくなったりで、何度も中断したのが理由だ。その間、家を訪ね、電話で話し込み、届いた手紙は50通にのぼる。古い航空写真を送って情報を書き込んでもらい、手描きの図面を送ってもらったこともある。その末に、証言の中から彼が「事実」として発言した部分を抽出することができた。彼は2022年、96歳になっていた。

これから「荒井証言」を紹介する前に、おことわりしておきたい。それは「事実」として裏付けが取れたことと、裏付けが取れなかった参考情報が組み合わさった証言であるということだ。70年以上前の出来事で、客観的な資料が十分に残っていなかったり、そもそも資料が存在しない私的な出来事が含まれていたりするためである。記者として、裏付けが100%ではない部分まで書くべきか、悩んだ。しかし、裏付けが取れた事実だけを書き並べても、荒井証言の価値を世に伝えきることはできない。後世のジャーナリストや歴史家に下山事件研究のバトンをつなぐためにも、この証言はどうしても、参考情報まで含めて丸ごと書き残したい。私は、裏付け取材で確認できた範囲を明確にするとともに証言を公開しようという結論に至った。長年の取材からまとめた荒井証言は以下の通りだ。

私こと、荒井忠三郎は1926年（大正15年）9月に東京都台東区千束《せんぞく》で生まれた。学校を出て鍛冶《かじ》屋に弟子入りした。下山事件のときは22歳で、長兄の経営する「荒井工業」で旋盤工として働いていた。荒井工業は1942年（昭和17年）の暮れ、荒川区内から葛飾区小菅へ移転した町工場だ。移転したのは、その年の4月にあった米軍による東京初空襲、「ドーリットル空襲」で荒川区の工場付近が被災し、強制疎開させられたためだ。引っ越し先が見つからないのに工場の建物をどんどん壊されて、機械の上にシートをかけていたことを覚えている。小菅は地主との交渉がなかなかまとまらず、やっと決まったんだ。引っ越しは馬車二十数台とリヤカー、風呂屋の大きな箱のついた車も借りてやった。

ドーリットル空襲はよく覚えている。工場から家に帰って飯を食べていたんだ。その最中だった。ドカドカドカドカって。「屋根に飛行機でも引っかかったかな」と思って2階を見に行ったら、キラキラと何かが空を舞っていた。爆弾が落ちたところを見に行くと、すごい穴だった。プールみたいになっている。「こんなに大きな穴があくのか」と思ったね。うちの工場は屋根に大きな穴があいた。石が落ちてきたんだろう。青空がきれいだった。何日かして空き地に簡素な家が建ち、空襲で家を失った人が住んだ。夜、ギターみたいな音がしてくる。目をやられた人が戸を開けて弾いているんだ。悲しそうな音だった。残業をやっていると聞こえてくるんだ。

小菅の建物は、荒井工業が入居する以前は、染色工場（紺屋）だった。広い廊下や井戸があり、建物内には細長い部屋があって、あそこなら反物も入れられただろうと思う。荒井工業にとっては工場部分は20坪もあれば十分だったが、50坪ぐらいの広さがあった。土地は600坪もあった。周りは原っぱで、家なんかなかった。

戦時中は、千住大橋にあった軍靴の工場と取引し、工具や機械部品を作って納めていた。ドイツ製の部品が入ってこなくなったから、それを作ったんだ。部品はリヤカーを引いて納めに行った。帰り際に軍靴を1足くすねたことがある。丸めて隠し、守衛の前を急いで出たんだ。うちでは防弾チョッキも作っていて、空襲になると兄はそれを着ていた。

終戦の年の2月、私は帝国陸軍の徴兵検査を受けた。細くて体重は39キロしかなく、徴兵官に「お前の体は何だ。それはどうした」と言われた。その頃、私は熱海の収容所（注・体の弱い青年を集めた訓練施設「健民修練所」を意味するとみられる）に入っていたんだ。旅館を接収した建物だった。海岸まで駆け足をさせられたとき、道に落ちていたミカンの皮を食べたことを覚えている。徴兵検査は東京まで受けに行った。雪の日だった。汽車で東京に着くと、駅が燃えているんだ。歩いて家に帰った。そのまま寝てしまったが、夜中に空襲があった。翌日、検査会場の学校に早めに行くと、ロウソクが立っている部屋があった。入ってびっくりしたな。首のない死体が置かれていたんだ。徴兵検査の結果は、現役第一乙種だった。「昭和20年10月1日、麻布第三連隊に入隊せよ」という紙切れが届いた。インクで汚れた紙だった。結局、8月15日に戦争が終わって、兵隊には行かなかった。紙切れ1枚に自分の命がかかっていたんだ。

戦後間もない頃は、荒井工業の近くにあった「聯合紙器」や「ミヨシ油脂」なんかと野球をやった。私の兄は球が速くて誰も打てない。荒井工業は強かったから、相手がすごいピッチャーを呼んできたこともあった。私のバットを隠されたこともある。自分のバットじゃないから打てないんだ。私は「朝日石綿」の一塁手と仲がよかった。

戦後になって作るようになったのが、ジュースミキサーだ。長兄の友人で、南方から帰ってきたとかいう技術屋が、占領軍が使っていたとの触れ込みで、厨房用機器の図面をいくつか持ってきた。その中で長兄が興味を持ったのがミキサーだった。

ガラス容器を保谷クリスタル硝子製造所（現・HOYA）に、モーターを日本電気精器（現・TDKラムダ）に作ってもらった。ガラス容器はすごく特殊な形をしていて「こんな難しいのは初めてだ」と言われた。ガラスの底に穴をあけてプロペラをセットするんだが、底の厚みにばらつきが出ると部品の長さが変わってくるから難しいんだ。いちばん困ったのは、水が漏れることだ。アメリカ製の見本は漏れない。実に簡単な部品なのに、「なぜこれで漏れないのだろう」と思った。モーターはその頃、毎分1万回転以上出るものがなかった。それで白鬚橋《しらひげばし》にあった日本電気精器に頼んで作ってもらったんだ。前金で払ってトラックで持ってきた。

荒井工業では、金属の焼き入れ用に「マシン油」を、切削用に「ヌカ油」を使っていた。ヌカ油には石油系のにおいはなく、食用のにおいがした。ヌカ油をどこから持ってきたのかは知らない。当時はまだマシン油が貴重だった。マシン油は、使っているうちに段々と粘度が上がってくるので、仕方なく石油を混ぜた。これは危険なことだが仕方がない。火が上がるとフタをして消した。

ミキサーを宣伝するため、横浜で開かれた博覧会で実演販売したところ、非常に好評だった。その頃から鉄道弘済会との取引が始まり、駅のジューススタンドに設置するミキサーを納めるようになった。全国に普及させるといって買ってくれたんだ。あの頃、上野駅の構内にうちのミキサーが並んでいて、ジュースを売っているのを見たことがある。製造が間に合わないぐらい忙しかった。駅で使っているミキサーもどんどん修理で帰ってきた。ジュースを新鮮に見せようと思って、客がいない間も回すものだからすぐ壊れるんだ。

ミキサーの取引が始まった頃から、荒井工業に「顧問」としてたびたび顔を出すようになったのが、鉄道弘済会の宮崎清隆という人だった。一週間に1度か2度ほど事務所に来て、工場を見回ることもあった。事務所の安楽椅子に、デンと座っていた。ミキサーの組み立て工場は事務所の目の前にあったから、宮崎の前を通らないと工場に行けない。宮崎が傲然《ごうぜん》と構えていた場所からは、うちの生産力や技術、工場の様子がよくわかるんだ。

宮崎のことは「鉄道弘済会の偉い人」程度しか知らなかったし、近付けない相手でもあったが、あの人から濃紺色の上等なオーバーを買ったことがある。弘済会の購買部あたりで入手したのかもしれない。毛のオーバーだ。当時はオーバーなんてものはなかなか手に入らなくて、我々職人が着るのは珍しかった。

宮崎は、下山総裁が行方不明になった7月5日も荒井工業に来ていた。午前中だったかもしれない。彼は事務所で、こんな話をした。「昨日は驚いたよ。おかしな電話がかかってきて、『明日、吉田首相か下山を殺す』と言っていた」。そのとき、事務所にいたのは、私の姉と、松戸の方から来ていた事務長の2人で、長兄はいなかった。私は事務所の目の前にある工場にいた。宮崎は工場の方を向いてしゃべっていたから、はっきり聞こえた。

鉄道弘済会向けにミキサーを作っていた頃、こんなことがあった。終業後、誰もいない工場で、長兄が長さ30センチぐらいの金属の板を私に見せた。「持ってみな」と言われ、受け取って驚いた。経験したことがない重さだった。鉛色をしていた。「すごいだろう。プラチナだよ」と言われた。金目の物なんて、兄貴が持っているわけがない。「もらったんだ」と言っていた。宮崎からとしか考えられない。

下山事件の後、宮崎は荒井工業に姿を見せなくなり、鉄道弘済会との取引も終わった。長兄には金にルーズな面があった。荒井工業は１９６５年（昭和40年）に廃業した——。

様々な事柄に符合する荒井証言

この証言が下山事件とどう関係してくるのか、首をかしげる人もいるかもしれない。それを解説する前に、裏付け取材の結果を記しておく。

新たな証言を寄せた荒井忠三郎。事件当時は22歳の旋盤工だった（家族提供）

荒井工業が実在した会社で、下山事件の起きた１９４９年にミキサーを製造していたことは、49年5月17日の読売新聞の広告で確認できた。「業務用　一般家庭用　果実のジュース製造機」とあり、ミキサーのイラストとともに、「荒井工業株式会社」の表記がある。広告に記された住所は証言と一致し、この場所を１９４

1949年5月17日付読売新聞に掲載された荒井工業の広告（提供・読売新聞社）

7年撮影の航空写真で確かめると、彼が描いた見取り図と同じL字形と思われる建物があった。

ミキサーのガラス容器を製造していたという保谷クリスタル硝子製造所は、その後クリスタル事業から撤退したため取引が確認できなかったが、モーターを製造したという日本電気精器の社史（1991年発行）には、年表の1948年の欄に「フォノモータ、ミキサ用モータ、（中略）などの新製品開発」とある。48年に開発されたモーターを組み込んだミキサーを荒井工業が翌49年に売ったと理解すれば、荒井証言とつじつまが合う。

ミキサーを実演販売した横浜の博覧会とは、1949年3月15日〜6月15日に横浜市で開かれた「日本貿易博覧会」に違いない。当時の公式資料に掲載された出品者名簿に「荒井工業」の名は見当たらないが、出品者とは別に、「土産物店、飲食店等として建物または土地を貸付けた売店数は318軒に及んだ」との記述があった。そのうちの1軒が荒井工業のジューススタンドだったのではないか。

鉄道弘済会が荒井工業からミキサーを購入していたことは、1987年の国鉄民営化後に弘済会が駅の売店運営から撤退した影響もあって、確証が得られなかった。ただ、『五十年史鉄道弘済会』（1983年発行）を読むと、弘済会が敗戦後、悪化した財政の立て直しに取り組んでいたことがわかった。1946年に「仕入れ販売部門の拡大強化を図る」などとする売り上げ倍増の方針を定めたといい、「上野駅山下口と東京駅地下の一角を借り受け、喫茶軽飲食店を開設し、代用コーヒー、いもパン、かき氷などを販売した」と記されている。この時期、駅構内での収益事業に力を入れていたことが伝わってくる。

宮崎清隆という人物が下山事件の頃、鉄道弘済会に勤めていたことは、本人の著書などから確認できた。戦時中は憲兵として中国大陸で様々な工作活動に従事したと、1952年（昭和27年）出版の自著『憲兵』（富士書房）に書いている。本書の第四章でも言及したが、下山事件のさまざまな文献では、事件前日に下山の殺害を予告する怪電話を受けた弘済会職員として知られる。

自伝的小説には、宮崎に頼まれて小菅周辺を案内して歩き回り、口止めにダイヤをもらったという気がかりな記述もあったが、荒井はこれらを「創作だ」と否定した。

情報を集め、証言と照らし合わせていくと、私は好奇心を通り越して悪寒が走るようになった。証言内容が、下山事件をめぐる様々な事柄とあまりに「符合」するからだ。例えば――。

荒井工業と轢断現場の位置関係

荒井工業は荒川放水路沿いの工場群の一角にあり、下山の死体発見現場から南東約1・5キロに位置した。会社の正門を出て南へ進むと、すぐ「ミヨシ通り」に出る。ミヨシ油脂の工場につながる道路だ。その道路では、下山が行方不明になった7月5日の夜、不審な外車が死体発見現場の方向へ走っていくのが目撃された。目撃証言は矢田喜美雄の『謀殺 下山事件』に、こう書かれている。

「私（注・目撃者）が勤めていた朝日石綿工場は荒川放水路北側の足立区（注・原文ママ、正しくは葛飾区）小菅町にあった。近くには大小さまざまの染糸、染皮、油脂、鉄工場などが並んでいた。（中略）事件のあった七月五日夜は、私は残業で午後九時に仕事を終え、タイムレコーダーをおして門を出たのは九時五分ころだった。（中略）門を出たとたんライトをつけた黒い乗用車が（中略）走ってきたので通りすぎるのを待った。（中略）車のなかは運転手をふくめて五、六人がぎっしり詰めて乗っていた。おかしいと思ったことは、大がらの年上の男が片手を水平にあげて、しきりに振って通行人に呼びかけているように思われたことだ。他の男たちはこれを押えているようだった」

葛飾区小菅の「ミヨシ通り」。このすぐ近くに荒井工業があった（2022年1月、写真提供・読売新聞社）。

荒井工業は、この目撃者が立っていた朝日石綿のすぐ裏手にあった。荒井証言にも「朝日石綿の一塁手と仲がよかった」という言葉が出てくる。

死体発見現場に散乱していた下山の衣類には、緑色や赤色などの染料がわずかに付着し、相当量のヌカ油が染み込んでいたことは前述した。この染料と「下山油」と呼ばれるヌカ油の付着状況については、東京地検の捜査報告書とされる文書に考察がある。

「色素の量から考えて、そこは染色を行なう工場の現場であるかということになると疑問がある（中略）付着量が極めて微量である点は恐らくそれらの色素が埃に混るか、そうした工場事業場の事務室とか、別棟とか近くに染色現場はあっても少し離れた所で付いたのではないか」（『文藝春秋』1973年8月号「機密文書　下山事件捜査報告」）

この捜査報告書は、下山の衣類に色素とヌカ油が付着したエリアも推定している。「色素関係業態は東京の場合、その90％以上までが荒川放水路並びに荒川、隅田川の三河川を挟む両岸に集中しており、轢断現場とさして距離が遠くないということであった。しかもヌカ油を使う業態がその中に多数含まれて」いた。

この考察を、荒井工業と照らし合わせる。所在地はまさに、東京地検が色素と油の付着現場があるとにらんだエリア内だ。ヌカ油も、荒井証言によると切削作業に使っていた。しかも、かつて染色工場だった建物をそのまま使っていて、事件当時は染色作業を行っていなかった。色素が微量だったことから、東京地検は染色工場と「物理的に」離れた場所で染料が付着したと推定したわけだが、荒井工業の建物は染色工場と「時間的に」離れた場所だった。

下山油と付着染料は長らく、下山事件の「現場」を探るカギとみられてきた証拠だ。その2点において、荒井工業は薄気味悪くなるほど、条件が適合する。

そして、荒井はこんなことも語っていた。「荒井工業は亜細亜産業の系列工場だった」。亜細亜産業とは、作家の柴田哲孝が『下山事件　最後の証言』（以下、『最後の証言』）で、事件に組織的に関与したと推定した会社だ。幹部として勤務していたのが、柴田の祖父だった。

住所は中央区日本橋室町。下山が行方不明になった三越本店も同じ住所で、目と鼻の先にある。『最後の証言』によると、亜細亜産業は戦時中、日本軍に軍需物資を納め、戦後はパルプや家具、鉄工製品、ゴム製品などを取り扱っていた。政財界関係者や米軍情報機関員、右翼などが出入りしていた謎の多い会社で、表向きは商社だが、密輸を手がけていたとされる。

『最後の証言』に荒井工業の名は登場しない。ただ、亜細亜産業の系列工場と所在地について、事務員だった柴田の大叔母（祖父の妹）が証言している。「綾瀬には鉄工所、ゴムの工場、あとは北千住にベルトや銃のケースを作ったりする革の工場だね」。綾瀬……。荒井工業の最寄り駅は、国鉄では「綾瀬」だった。

荒井証言を聞いた当初、私は正直に言うと「話ができすぎている」とも感じた。証言を聞き取ったのは、２００５年に『最後の証言』が出版された後のことで、その本で名指しされた亜細亜産業を証言に紛れ込ませることは、やろうと思えばできたからだ。しかし、その後の取材で、疑念は晴れていった。

「綾瀬の鉄工所」見取り図との一致

この章の冒頭で書いた通り、2023年5月、私は柴田に会った。下山事件研究の第一人者に荒井証言を「鑑定」してもらうのが目的だった。私は地図や写真を示しながら、証言のポイントを説明した。荒井工業の見取り図を見せたときのことだ。柴田は驚いたように身を乗り出し、隅々まで見取り図を見渡した。そして、口を開いた。「これね、大叔母が描いた鉄工所の見取り図に似ているんだよな」

荒井工業の見取り図は、荒井が手描きしたものだ。建物はL字形をしており、長辺側に工場が、短辺側に畳敷きの部屋が、両辺が交わるところに事務所があった。正門を入ると、正面に事務所、右手に短辺側の棟、左手に住宅があった。

柴田の大叔母が描いた「綾瀬の鉄工所」のほうは、原本が残っていない。本書に掲載する見取り図は、柴田が私の取材を受けた際、大叔母の描いた図を再現してみせたものだ。建物はL字形で、長辺と短辺が交わるところに事務所がある。短辺と長辺の交点に隙間が空いているといった細部については荒井工業の見取り図と異なるものの、正門から見て正面に事務所が、右手に短辺側の棟が、左手に「何かの建物」がある点はピッタリ一致する。

柴田は当初、荒井工業の見取り図にある「正門左手の住宅」を意識しないまま、「綾瀬の鉄工所」をスラスラと描きあげた。どちらの見取り図にも正門の左手に同じような建物が描いてあることを私から指摘された瞬間、あっと声を上げた。「全く同じだね、これ」

『最後の証言』には「綾瀬の鉄工所」の見取り図は載っていないから、荒井が似せて描くことは不可能だ。描いた時期も、描いた人物も異なる見取り図が、時空を超えて大筋で一致したということは、こう考えてもいいだろう。「2人は同じ建物をイメージして描いた」。つまり、

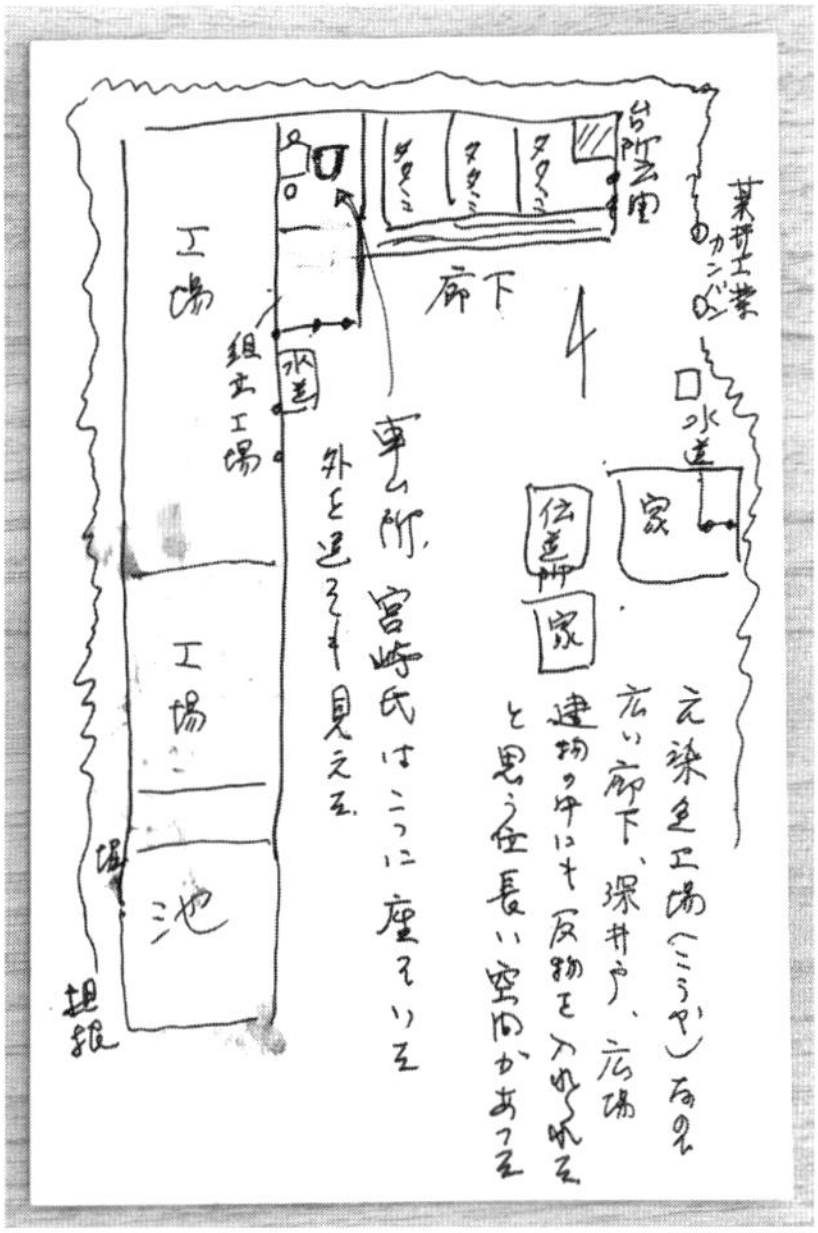

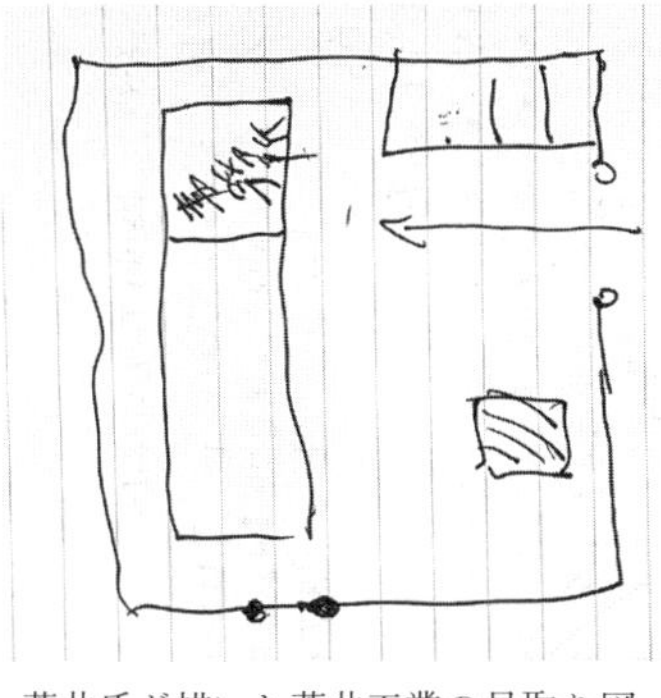

上・荒井氏が描いた荒井工業の見取り図
下・大叔母が描いた図を柴田氏が再現した「綾瀬の鉄工所」の見取り図
（いずれも読売新聞社提供）

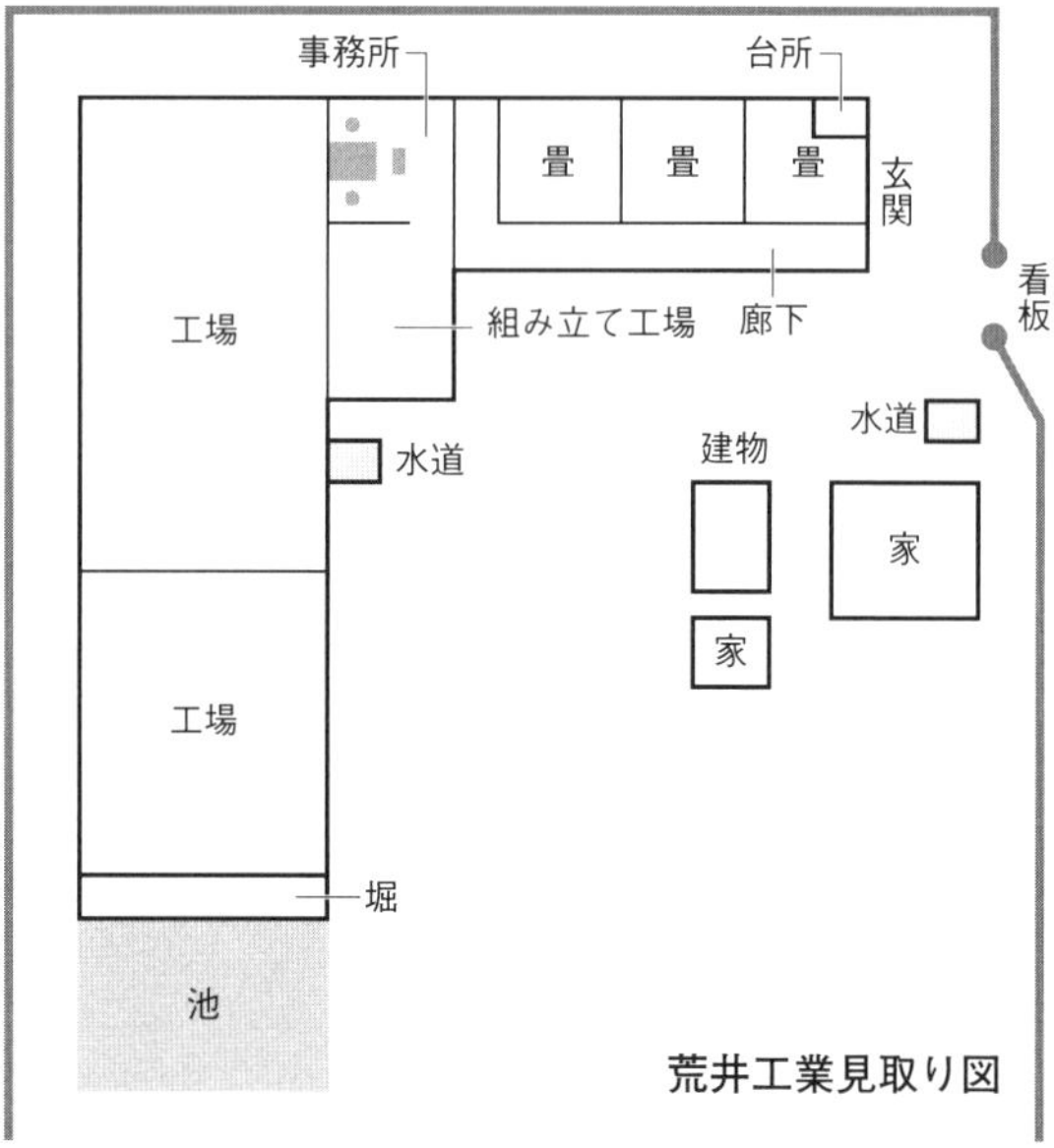

荒井工業見取り図

「綾瀬の鉄工所」とは、荒井工業のことを指すのではないか。「荒井工業は亜細亜産業の系列工場だった」という荒井証言の信憑性も高まってくる。

　柴田によると、大叔母が鉄工所に足を運んでいたのは下山事件が起きる前のことだ。書類を届けるなどの用件が済むと、休憩室でひと休みし、手土産の桃の缶詰を鉄工所の人と食べたと語っていたという。大叔母が言う休憩室は、短辺側の棟にあった。そこは、荒井工業の見取り図では畳敷きの部屋になっている。休憩室として使われていたとしても違和感はない。

　荒井工業は機械工場であって、正確には「鉄工所」ではない。しかし、柴田はこう補足した。

「大叔母は『鉄工所だと思う』と言っていて、何の工場かわかっていないんです。書類のやり取りとか、お金を持っていくとか、連絡係みたいなことをやらされていたので、よくわかっていないわけです」。実は荒井は「工場の敷地内には、廃材を山積みにした鉄くず置き場があった」とも語っている。鉄くず置き場を見た大叔母が、荒井工業を鉄工所と認識したとしても、決して不思議ではなかった。

さて、下山の死体発見現場の近くにある荒井工業が、事件への関与が指摘される亜細亜産業の系列工場だったとすれば、新たな疑問が湧く。荒井工業の顧問だったという「鉄道弘済会の宮崎清隆」の役割だ。宮崎は、下山の殺害を予告する怪電話を受けた弘済会職員として知られるが、荒井証言によると、事件前によく工場に足を運んでいて、下山の死体発見現場付近に土地鑑があった。事件当日も荒井工業にいて、事件後は姿を見せなくなったという。

下山事件とあまりに連動した行動は、こう考えればつじつまが合う。「宮崎は亜細亜産業ともつながっていて、何らかの使命を帯びて荒井工業に足を運んでいた」。実際はどうだったのだろう。いったん荒井証言の検証から離れ、その仮説を確かめる取材に時間を戻す。

第六章　謎の元憲兵、宮崎清隆

──怪電話は世論工作？

青い相模湾が車窓の向こうに広がっている。海産物や銘菓の看板が道路脇に現れては、後方へ流れていく。2022年4月、柴田哲孝が運転する乗用車は、快晴の国道を北上していた。自宅まで訪ねていった私を、彼は最寄り駅まで迎えに来てくれたのだった。「それで、お聞きになりたいのは宮崎清隆と亜細亜産業の関係ですか」。対面したばかりの車内で、不意に会話が本題に入った。

宮崎清隆──。本人の著書や各種の文献によると、1918年（大正7年）、新潟県田尻村安田（現在の柏崎市安田）生まれ。地元の尋常高等小学校と商業学校を卒業後、柏崎の民間企業に就職し、2年後に鉄道省に移って上越線の駅員となった。

事件前日に怪電話を受けたという宮崎清隆（家族提供）

39年（昭和14年）に陸軍に入隊し、中国に渡って戦線に参加。42年に憲兵となって工作活動などに従事し、のちに憲兵曹長に昇進した。

戦後は46年2月に帰国。6月に鉄道弘済会に就職した。「元フランス大使館附武官永井中将の紹介により、前鉄道弘済会本部理事長堀木鎌三氏（現改進党参議院議員）に救はれ」たと、著書『憲兵』に書いてある。48年には、弘済会に勤めながら日本大学専門部政治経済科に入学。49年の下山事件当時は30歳で、弘済会では社会福祉部に所属していた。ここは福祉施設を所管する部署のはずで、ジュースミキサーの取引先だった荒井工業とは関わりが薄そうにも思えるが、そのあたりの事情は分からない。事件前日、下山の殺害を予告する怪電話を受けたとして注目されたことはすでに書いた通りだ。事件の翌年に出版された雑誌『日本週報』141号（1950年2月）に載った対談記事には、弘済会に入った後、反共運動に関わっていることを自ら明かしている。

また、作家としても複数の著作を世に出しており、中には映画化された作品もある。歌謡曲の作詞も手がけ、日本音楽著作権協会（JASRAC）のデータベースで数曲、その名を確認できる。弘済会には82年に定年退職するまで勤め、２００1年5月、82歳で亡くなっている。

前章で書いた荒井忠三郎の証言の裏付け取材を進めていた私は、「他殺への関与が指摘される亜細亜産業」と「事件前日に怪電話を受けた宮崎清隆」が、荒井工業でクロスしていることが偶然とは思えなくなっていた。「宮崎が亜細亜産業ともつながっていて、何らかの使命を帯びて荒井工業に足を運んでいた」と考えれば腑に落ちる。関係者がほとんどいなくなった今でも、その情報を持っているとすれば柴田しかいない。それが柴田を訪ねた理由だった。

少し長い説明を終えると、ハンドルを握る柴田は、前を向いたまま語り出した。「宮崎清隆は亜細亜産業に来ていたそうです。私は亜細亜産業の事務員をしていた女性に2回、取材しましたが、そのように話していました。しかも、『よく来ていた』と言っていました」

やはり、そうだったのか。その答えを確信していたからか、驚きよりも、ほっとした気持ちだった。柴田によると、亜細亜産業には夜になると政財界関係者や右翼らが集まってくる「サロン」があった。元事務員の女性は、客に茶や酒を出す役割だったため、誰が来ていたかをよく記憶していた。宮崎はサロンに出入りする常連の一人だったという。

宮崎と亜細亜産業がつながっていたとすれば、あの怪電話も「世論工作」だった可能性が出てくる。怪電話は、国鉄の人員整理が発表された7月4日の午前10時半頃～11時半頃、鉄道弘済会本部にかかってきて、通話の相手として宮崎を呼び出した。前出の雑誌『日本週報』に掲載された宮崎の手記「潔白を天下に訴える」によると、怪電話の内容はこうだ。

「一言、伝えておくことがある。今日か明日、近日中に吉田か下山かどちらかを殺してやる。お前が騒いだり人に言ったり、邪魔したらお前も生かして置けぬ」「いずれ革命の時機が到来したら黒白を戦場でつけよう」

人に言ったら生かしておけない――と脅されたにもかかわらず、宮崎はその直後から、職場内や、働きながら通っていた日大で、怪電話の話を吹聴したらしい。同じ手記に、こう記している。

「十二時の昼休みを利用して日大私学団体の事務所にゆき一寸矢次氏に逢つて、さき程の怪電話の件をそれとなく話したようにも記憶しているがはつきりした事はわからない。（中略）日大拳闘部の監督をやつている柴田勝治氏にもたしか話したようにも思う。（中略）そして、二時前後頃、厚生課長の安齋太郎氏（現在鉄道弘済会社会福祉部厚生課長）に（中略）さつきの電話の件を報告した（中略）間もなく私は二階の役員室秘書課の理事室附秘書の小室清治氏と古川徳松氏の二人にも同じことを報告した」

まさしく会う人ごとに触れまわっているといった感もあるが、戦時中に中国大陸で工作活動に従事していた諜報のプロにしては、軽率な言動とも思える。

怪電話の主は、下山事件の計画を知りうる立場だったのだろう。「今日か明日、近日中に」

という予告通り、下山は翌5日に行方不明になり、6日に死体で見つかった。犯行予告は「革命」「戦場」と、共産主義勢力を思わせる言葉をつかっているが、警視庁や東京地検による下山事件の捜査で左翼による犯行の線は浮上していない。そうなると怪電話は、共産主義勢力を「装った人物」がかけた可能性が出てくる。

もし、亜細亜産業が下山事件に関与したと仮定すれば、この会社の幹部たちは計画を知りうる立場だったし、柴田の『最後の証言』によると、亜細亜産業には旧日本軍関係者や米軍情報機関員らが出入りしていて、宮崎と同じ反共思想が色濃い組織だった。宮崎が広めた怪電話は、共産主義勢力に疑いの目を向けさせるため、亜細亜産業の指示で実行した世論工作だったとしても矛盾はない。

「下山事件の謎の人物」という宣伝文句

宮崎と下山事件をめぐる不可解な出来事はこれで終わらない。怪電話から4か月後、宮崎は東京地検の調べを受けた。これも先の手記によると、下山事件に関して公になっていない情報を宮崎が知っているという話が検事の耳に入ったためだという。宮崎は「他から降りかかつてくる身の災難ともいうべき、私の身辺にむらがる暗雲を、この際私は断乎一掃しなければならない」とつづり、潔白を強く主張した。結局、立件されることはなかったが、鉄道弘済会や関係者に迷惑をかけていることについて、「自責の念で断腸の思いである」とまで書いている。

ところが、である。宮崎の作家デビュー作『憲兵』を告知する読売新聞の広告（1952年9月18日）には、こんな紹介文がある。「下山事件の謎の人物　元陸軍憲兵曹長　宮崎清隆著」

3年前の「降りかかってくる身の災難」を自ら蒸し返すような文言だ。むしろ犯行側で暗躍した人物のような印象すら与える。下山事件との関わりを強く否定したはずの宮崎の著書に、本の内容とは無関係な「下山事件の謎の人物」という宣伝文句が躍っているのは、いったいなぜなのか。

新刊広告を制作する流れについて、参考までに現在の出版関係者に聞いてみた。「新刊広告は、基本的に書籍の内容に即した形で出版社が作る。書籍の編集段階で著者と編集者側で共有している範囲内で制作するため、事前に著者に広告を確認してもらうことはほとんどないと思う。ただし、自費出版か、それに近い形なら、著者が自己宣伝の意味で、自ら広告に関わることはあり得る」。そんな答えが返ってきた。新刊広告の出し方が当時と現在で大きく変わっていなければ、出版社か宮崎、あるいは双方の手で、広告に「思わせぶり」な言葉を記したということだろう。いずれにせよ、その意図は、はっきりしない。

宮崎は7月4日に怪電話を受けた後の行動を手記に書き残しているが、その内容が荒井証言と食い違うことにも触れておく。手記によると、怪電話を受けて間もなく、宮崎の妻が電報を持って職場を訪ねてきたという。発信元は福島県にある妻の実家で、「キヨタカシキウコイ」という文面だった。「私は上野発二十一時十六分仙台若松行の汽車で福島に発つた。（中略）家に着いたのが七時頃であつた。やはりお婆さんの具合が悪かつたし親戚の叔父さんが亡くなっていた」。宮崎は福島に7月10日まで滞在し、11日に鉄道弘済会に出勤したと書いた。その通りだったとすると、下山が行方不明になった5日も、死体で見つかった6日も、宮崎は東京にいなかったことになる。

なお、1949年7月の時刻表（鉄道弘済会発行）によると、宮崎が乗ったという21時過ぎに上野駅を出発する列車は「仙台行」だった。この列車は翌8月、会津若松行きを連結して「仙台若松行」として運行されている。宮崎は、7月には存在しなかった「仙台若松行」に乗って東京を離れたと主張していることになる。

一方、荒井忠三郎はこう証言している。

「彼（宮崎）は事務所で、こんな話をした。『昨日は驚いたよ。おかしな電話がかかってきて、〝明日、吉田首相か下山を殺す〟と言っていた』。そのとき、事務所にいたのは、私の姉と、松戸の方から来ていた事務長の2人で、長兄はいなかった。私は事務所の目の前にある工場にいた。宮崎は工場の方を向いてしゃべっていたから、はっきり聞こえた」

７月５日、火曜日で操業中の荒井工業に、宮崎が姿を見せたというのだ。こちらの証言を信じるならば、半日ほど後に下山が死体で見つかる現場の近くにある町工場にいたことになる。私は荒井に尋ねたことがある。荒井の証言が、５日は東京にいなかったとする宮崎の手記内容と矛盾することを伝えたうえで、「怪電話の件を聞いたのは、宮崎が東京に戻った７月11日以降の記憶違いではないか」と。荒井ははっきりと反論した。「宮崎は『昨日おかしな電話を受けた』と言っていたから、荒井工業に来たのは７月５日で間違いない」。ただ、この食い違いを検証できる客観的な資料はなく、どちらが正しいのか、完全には分からない。

三島由紀夫との交流も

宮崎の謎めいた経歴や行動を調べるうち、「家族は何かを見聞きしているのではないか」という思いが強くなった。私は関東地方に長男が住んでいることを突き止め、取材を申し込んだ。そして２０２３年７月、74歳になる長男を訪ねた。猛暑続きの夏でも、ひときわ暑い日だった。長男は宮崎が１９７０年に建てたという家に住んでいた。応接間の壁には「宮崎清隆」の名が記された空手の免状や、陸軍大将・畑俊六による宮崎宛ての揮毫《きごう》が掲げられていた。宮崎が亡くなって20年以上が過ぎているが、部屋には憲兵が醸し出す威圧感のような空気が漂っていた。

取材趣旨を伝えると、長男は静かに語り出した。「怖いおやじでしたよ。戦争に行っていたからか、体罰なんて当たり前でね。小さい時は、よくムチで殴られました。雪の日に外へ出されたこともありました。周りからかわいそうだと言われるぐらいでしたよ。若かった頃は、ずいぶん憎みました。おやじが年をとり、体が弱ってくると、そんな気持ちもなくなりましたけどね」

先に書いた通り、宮崎は鉄道弘済会に定年まで勤めながら、作家としても数冊の本を出した。デビュー作『憲兵』の執筆をきっかけに、昭和を代表する作家・三島由紀夫との交流も始まった。2人の出会いは、三島が陸上自衛隊市ヶ谷駐屯地で衝撃の割腹自殺を遂げる17年前、1953年（昭和28年）のことだった。『週刊アサヒ芸能』1970年12月10日号には、宮崎の打ち明け話が掲載されている。「突然、会ったこともない三島さんから電話がありましてね。『じつは、あなたの〝憲兵〟を読んでたいへん感動したんです。（中略）ぜひ、いちどお会いしたい』というんですな」。本格的に文学を志すよう熱心に口説かれ、三島の門下生になったという。

その話題に触れると、長男はこう語った。「三島もおやじも、日本を愛していたところは同じだった。おやじは体格がよく、戦争にも行ったが、三島は虚弱で戦争には行かなかった。互いに自分にはないものがあったから、ひかれ合ったのでしょう」。その絆を示すように、三島の死後、宮崎は「三島由紀夫文学碑」を自宅の庭に建てた。

キャノン中佐の絶大な権力

前にも書いた通り、下山事件が起きた1949年7月当時、宮崎は東京・上野にあった鉄道弘済会の社会福祉部で働いていた。下山が行方不明になる前日の7月4日午前、職場にいた宮崎に宛てて、何者かが「犯行予告」の電話をかけてきたことは、当時の雑誌や下山事件関連の書籍の多くに記されている。文献を読んでこの件を知った長男は、父に尋ねたことがあるというが、家族には詳しく語らなかったという。「おやじは『調べられたが、結局は何もなかった』というようなことを言っていましたね」

下山事件が起きた当時、宮崎は文京区本郷龍岡町（現・文京区湯島4丁目）に家族と住んでいた。東京大学に隣接する閑静な住宅街だ。長男は「特別の理由はなく、たまたま誰かの紹介で入ったようです。いまは跡形もありません」と話す。

その住宅があった場所から150メートルほど東には、現在は都立庭園となっている旧岩崎邸がある。三菱財閥の創始者、岩崎弥太郎の長男で、三菱合資会社の社長を務めた岩崎久弥の邸宅として建てられた洋館だ。前述したようにこの建物は敗戦後、GHQに接収され、下山事件が起きた1949年はGHQ参謀第2部（G2）の諜報組織、通称「キャノン機関」の事務所となっていた。物資の乏しい時代、ここでは高級な酒がふるまわれ、それに引き寄せられるように日本の高官や俳優、文化人らが夜ごとに足を運び、戦犯の情報などをひそかに伝えていたという。

第二章で触れたが、元キャノン機関員の証言などをもとに書かれた『何も知らなかった日本人』（畠山清行著）によると、キャノン機関の傘下には元日本軍人らによる工作機関が6つあった。「密輸船運航・物資集積」を担った機関もあり、その代表者を務めていたのは亜細亜産業の社長・矢板玄《やいたくろし》だったと書かれている。

この本には、キャノン機関も何らかの形で下山事件に関与したことを示唆する記述もある。下山が行方不明になった7月5日のキャノン機関の様子を、元機関員はこう証言している。

「その夜、韓道峰（注・機関員）は、本郷ハウス（注・旧岩崎邸）の自室で、おそくまで調べものをしていた。（中略）すると、電話のベルが鳴った。〈こんな夜更けに、誰だろう？〉と思って受話器をとると、ベック松井（注・機関員）である。（中略）松井は『万事かたづいた』とキャノンに伝えてほしいと言った。キャノンは、その夜は留守だった。（中略）翌朝起きてから松井の伝言を伝えると、そんな大事なことを、なぜ急いで伝えなかったかと、ひどく叱られた。

（中略）松井の伝言をきくと、キャノンはひどくあわてて、すぐ方々へ電話をかけていた。『しまった。まずいことをやってくれた』など言っているのを、韓はきいている」

日本の昼はマッカーサーが支配し、夜はキャノンが支配した──。キャノンが持っていた絶大な権力を表現する言葉も『何も知らなかった日本人』には収められている。そんなGHQの超大物が率いる諜報機関のすぐ近所に、亜細亜産業に出入りしていた元憲兵で、諜報活動のプロだった宮崎が住んでいたのは、単なる偶然だったのだろうか。

5つの変名を駆使

私が15年近くにわたって取材した下山事件の証言者・荒井忠三郎は、宮崎に関して、こんな話をしている。「長兄が経営していた町工場『荒井工業』は、亜細亜産業の系列工場だった。ミキサーを製造して鉄道弘済会に納め、工場の顧問として宮崎清隆がたびたび来ていた」。工場の「顧問」がどんな役目を果たしていたのかは、旋盤工として働いていた荒井はよく知らなかった。そこで宮崎の長男に尋ねてみると、「私は1949年（昭和24年）生まれです。おやじの職場が鉄道弘済会だと知ったのは小学生の時なので、戦後間もなく、どんなことをやっていたのかは全然分からない。本人も言いませんでした」という答えだった。荒井工業と亜細亜産業の名も、父の口から聞いた覚えはないという。

しかし、宮崎は亜細亜産業の「サロン」に出入りしていたという関係者の証言があり、あの怪電話は同社の指示による「自演」だった可能性があると水を向けたところ、長男は驚く様子もなく、こう話した。「可能性はあると思います。父は自己顕示欲が強い反面、人の頼みを断れない性格でした。誰もやりたがらないような『汚れ役』を引き受けたり、人に利用されたりしていたようです」

その裏付けとして、長男は小さな冊子を開いて私に見せた。表紙に「人生履歴年表　宮崎清隆小史」とある。生前の宮崎が私的にまとめた冊子だという。ページをめくると、本名の脇に「茜瑛《あかねあきら》」「孔雲龍《こううんりゅう》」「安田佳秀《やすだよしひで》」「竜岡影花《たつおかえいか》」「不知火夢幻《しらぬいむげん》」と、5つの名前が併記されている。

「父は鉄道弘済会で働きながら、これらの別名を駆使して探偵のようなことをしていました。依頼があると、憲兵時代の人脈を使って情報収集し、トラブル解決などを手がけていたらしいのです。具体的に何をしたのかは聞いていませんが、はっきり聞いたことがあるのは、ある著名人が出版物の内容を巡って右翼に命を狙われたとき、父が話をつけて大変感謝されたそうです。その著名人は私が結婚するとき、仲人を務めてくれました」

復員後に鉄道弘済会に就職したのも、情報収集力を買われた可能性があるという。「元憲兵の全国組織があって、連絡すればすぐに情報が入ってきたようです。鉄道弘済会も全国組織ですから、うまくマッチしたのではないでしょうか。父は憲兵時代の人脈を晩年まで大事にしていました」

いったいどんな情報収集を期待されていたのか。鉄道弘済会と関係が深かった国鉄に目を転じると、宮崎が鉄道弘済会に入る4か月前の1946年2月、国鉄労働組合総連合会が結成された。7月に当局が経営合理化のため7万5000人の人員整理を申し入れたところ、労組側は通告の取り消しを要求。ゼネストを決定するなど激しく抵抗したため、当局は9月、整理案の撤回に追い込まれた。労組側の完勝だった。GHQの民主化政策のもと、国鉄で労働運動が急速に台頭し始めた時期だったことは間違いない。こうした時代背景に、情報収集のプロだった宮崎が鉄道弘済会に迎えられた理由があるのかどうかは、定かではないが……。

宮崎の亜細亜産業人脈

長男によると、宮崎は顔が広く、年賀状を毎年2000枚ほど出していた。「いったん知り合うと、マメに年賀状を書く。2000枚も書けないから、本当に大事な人には自分で書いていましたが、『1枚何円でやれ』って、私も年賀状を書かされました」。5つの別名が記されていた冊子には、政界や芸能、スポーツ分野でよく知られる人物の名前も登場し、幅広い交友関係をうかがわせる。その中には田中角栄もいた。「昭和二十一年六月一日　苦学進学の為上京、元首相田中角栄邸に寄寓」とある。「田中角栄と父は同郷で、知人に紹介されて知り合ったそうです。『懐の深い人物だ』と言っていました」

国家主義者の井上日召《にっしょう》とも付き合いがあったという。昭和初期に蔵相経験者の井上準之助らを殺害するテロ事件を起こした「血盟団」を結成した人物だ。「戦後に井上が創立した『護国団』の事務所が自宅近くにあり、おやじと交流がありました」

私は宮崎の人脈を確かめるため、下山事件の書籍に登場する政界関係者や旧軍関係者、右翼活動家などの名前を長男の前で読み上げた。最初の何人かは「分からない」「聞いたことがない」と首を横に振っていた長男が、ある名前を出したときに「その方とは交流がありました」と即答した。政治家の西尾末広《すえひろ》だ。

西尾は民主社会党を創設した衆院議員で、「反共の闘士」として知られる右派の労働運動家だ。「昭和40年代だと思いますが、西尾氏の後援会に父が呼ばれて講演したことがあります」。2人が知り合った時期や経緯は「分からない」という。ただ、柴田の『最後の証言』によると、西尾は亜細亜産業のサロンに顔を出していた大物政治家の一人である。西尾と後年まで親交があった事実は、宮崎と亜細亜産業がつながっていたことを補強する材料の一つと言えそうだ。

5つの別名、憲兵時代の情報網、家族にも明かさなかった「汚れ役」、そして亜細亜産業人脈――。宮崎清隆とは、表向きは鉄道弘済会職員だが、実は昭和史の様々な場面に裏側から関わった人物ではなかったか。私が感じたことを伝えると、長男はこう答えた。「それはね、私も感じます」。そして、こう続けた。「おやじは、下山事件について何も話さなかった。全部自分で抱え込んで、墓場まで持っていったんだと思います」

プラチナの出どころは金銀運営会？

再び荒井証言の検証に話を戻す。宮崎清隆と亜細亜産業の関係を聞くため、柴田哲孝の自宅を訪ねた2022年4月、私は荒井証言のうち、宮崎に関する部分について伝え、その信憑性について意見を求めた。「荒井さんは、工場を経営する長兄からプラチナのインゴット（延べ板）を見せられたことがあって、『宮崎からもらったとしか考えられない』と言っているんです」と伝えた。その瞬間、柴田が驚いたように視線を上げた。「プラチナと言っているのですか」

思いがけない反応だった。私は、プラチナの件は真偽を確かめられない昔話の一つぐらいに思っており、プラチナであろうが金であろうが、「宮崎が渡したとしか考えられない」という部分の方が重要だと思っていた。しかし、柴田が着目したポイントは違った。

「プラチナですか。決定的ですね。荒井工業は、下山事件で何らかの重要な場所として使われたのでしょう」

その頃はまだ、荒井証言の周辺取材を終えておらず、なぜプラチナだと「決定的」なのか、十分に理解できていなかった。それから1年後の2023年5月、改めて柴田と話したとき、ようやくその意味が腑に落ちた。

プラチナについて、荒井はこう証言している。

「鉄道弘済会向けにミキサーを作っていた頃、こんなことがあった。終業後、誰もいない工場で、長兄が長さ30センチぐらいの金属の板を私に見せた。『持ってみな』と言われ、受け取って驚いた。経験したことがない重さだった。鉛色をしていた。『すごいだろう。プラチナだよ』と言われた。金目の物なんて、兄貴が持っているわけがない。『もらったんだ』と言っていた。宮崎からとしか考えられない」

30センチほどの金属の板は、金のインゴットなら「ラージバー」（長さ約25センチ、幅約7センチ、厚さ約4センチ）に相当する。金のラージバーの重さは約12キロなので、プラチナに換算すると約13キロとなる。わずか30センチほどの延べ板が、1リットルの水が入ったペットボトル13本分の重さなら、誰でも「経験したことがない重さ」だと感じるだろう。現在のプラチナ価格は、1グラムあたり約5000円で、13キロだと約6500万円になる。サラリーマンの平均年収は約４４３万円（２０２1年分国税庁「民間給与実態統計調査」）だから、その15年分の価値が13キロのプラチナにはあることになる。１９４9年当時も、そのくらいの値打ちがあったかもしれない。

さて、高価なプラチナの出どころは一体、どこだったのだろうか。柴田は語る。「当時、プラチナのインゴットがあった場所は、たぶん3か所しかない。まずＧＨＱ。ＧＨＱは日本から接収した貴金属を持っていた。それから日銀。もう一つは金銀運営会です」

金銀運営会とは、１９４３年（昭和18年）に大蔵大臣の認可で発足した社団法人で、太平洋戦争中、政府が民間から貴金属を集めた際の回収機関の一つだ。実態を示す資料は少ないが、国会議事録にはこんな記述がある。「交易営団、社団法人中央物資活用協会または社団法人金銀運営会が、戦時中、政府の金、銀、白金又はダイヤモンドの回収方針に基き、政府の委託によって民間から回収した」（第30回国会参議院大蔵委員会第1号、１９５８年10月３日）。白金とはプラチナのことで、これらの団体がプラチナを回収していたことが分かる。

戦時中に民間から集められた貴金属は、敗戦後にＧＨＱが接収したが、日本が主権を回復すると、日本政府に引き渡された。その過程のどこかで闇に消えた貴金属もある。当時の読売新聞には、こんな記事がある。「金　六トン以上足らず　¥2,400,000,000　政府で接収貴金属徹底調査」との見出しで、「解除された貴金属の数量は米軍の目録によると金一〇二トン七七六キログラム（中略）一方いままでに判った政府および日銀手持の接収金銀の量は金一〇八トン一四〇キログラム（中略）となっているので金だけでも約六トンが不足している勘定」（1952年5月20日）とある。

柴田は、こう続けた。

「GHQが町工場にプラチナを渡すわけはない。日銀もあり得ない。残る可能性は金銀運営会です。金銀運営会がどこにあったかと言うと、ライカビル。同じビルに入っていた亜細亜産業から出たものと考えられますよね」

柴田の著書『最後の証言』から補足する。この本には、亜細亜産業の社長・矢板玄が存命中に柴田が直撃取材したときのやり取りが記されており、矢板はこう語っている。「親父（注・矢板玄蕃《げんば》）と三浦義一（注・右翼の大物）が、大蔵省の迫水（注・迫水久常。官僚を経て政治家となり郵政相などを歴任）と組んで金銀運営会というのをやってたんだ。その事務所がライカビルの四階にあった。戦時中に、国が国民から指輪やネックレスなんかの貴金属を供出させたのは知ってるだろう。それを潰して金の延べ棒にして、全部うちに集まってくるわけさ」。ライカビルの床下には大量の金の延べ棒があったといい、矢板はそれらを戦時中は物資調達に使い、戦後は政界工作に使ったと話している。

「陸軍謀略の代行機関」昭和通商

これらの証言は文献からも裏付けられる。金銀運営会の前身は「金銀製品商聯盟」という社団法人だ。日中戦争下の１９３９年（昭和14年）に設立され、１９４３年に解散するまで、政府による貴金属回収に協力し、貴金属製品の製造・販売業者から商品を買い上げた。１９４１年発行の『経済団体総覧』（東京商工会議所編、冨山房）によると、確かに専務理事として矢板の父親「矢板玄蕃」の名前があり、所在地は「日本橋区室町３ノ２．シュミット商店連接」とある。ライカビルに入っていた亜細亜産業の住所も、１９４７年に日本橋区と京橋区が統合されて中央区になるまで「日本橋区室町３－２」で全く同じだ。『最後の証言』によると、ライカビルは「カメラのライカを輸入するシュミット商会が一階に入っていたことからその名で呼ばれるようになったという」とある。矢板の証言通り、金銀運営会（金銀製品商聯盟）と亜細亜産業は、同じライカビルに入っていたと考えられる。

聯盟の解散時に発行された『社団法人金銀製品商聯盟記念帖』には、設立の経緯についてこんな記述がある。「大蔵省迫水金融課長（中略）臨席の下に、（中略）業界代表者が設立協議会を開いた」。聯盟の設立に迫水が関与していたことが分かる。迫水の関与はこれだけにとどまらない。迫水の特別の斡旋で日本銀行の倉庫を借り、買い入れた商品を格納できたというのだ。これは民間としては前例のないことだった。

聯盟が買い集めた貴金属は、輸出・売却された。買い上げ代などの損失補塡と、外貨獲得が目的だったと書かれている。聯盟が輸出に直接関与した地域は、中国の上海と広東だった。その実態がつづられた章には、極めて重要なことが書かれている。

上海では「陸軍中央部との密接な聯繋と、大蔵省当局の了承とによつて、その売却代金を犠牲とし、軍需資材の取得に協力して以て戦力増強に貢献し得たのであつた」。広東については「陸軍の代行機関たる昭和通商株式会社と聯繋し、本聯盟が広東方面に輸出売却して得たる代金を軍需資材取得の上に活用した」とある。

昭和通商とは、1939年に陸軍が興した商社だ。兵器を他国に売却したり、軍事物資を輸入したりしていたが、裏の顔もあった。GHQによる戦犯への尋問を取り上げた読売新聞の記事「児玉誉士夫『巣鴨の変心』」（1976年4月25日）は、昭和通商をこう表現している。「陸軍の物資調達、謀略の代行機関」

この記事によると、児玉はGHQの尋問に対し、ヘロインを「昭和通商にあっせんしてやった」と述べた。昭和通商はヘロインをタングステンとの取引に使ったという。

昭和通商の元社員が書いた『阿片と大砲――陸軍昭和通商の七年』（山本常雄著、PMC出版）には、「金銀製品商聯盟」による貴金属の輸出・売却を指すとみられる記述がある。「この光物（注・金の延べ棒や指輪などのアクセサリー）は大陸へ運ばれ、必要物資の収買工作用に利用された。物資としては、綿布、綿糸、硫安などのほかタングステンも含まれていた。なかには物資収買ではなく、情報収集の工作用につかわれたこともある。『光工作』とは、そうした任務を現地で果たしていた昭和通商社員たちの暗号名であった」

この本で注目すべきは、広東での「光工作」に関する元広東支店員の証言だ。工作の協議をしたメンバーの中に「矢板嘱託」という人物が登場する。『最後の証言』には、亜細亜産業社長の矢板玄自身が、戦時中に中国大陸で陸軍の物資調達の仕事をしていたことを認める記述がある。「初仕事は、昭和通商だよ」と発言していることを併せて考えると、「矢板嘱託」は矢板玄とみて間違いないだろう。これらの文献の記述をまとめると、「金銀製品商聯盟が集めた貴金属を使った工作活動に、矢板玄が関与していた」という構図が浮かび上がる。「戦時中に、国が国民から指輪やネックレスなんかの貴金属を供出させたのは知ってるだろう。それを潰して金の延べ棒にして、全部うちに集まってくるわけさ」という言葉の信憑性も高まる。

金銀製品商聯盟の後継団体の金銀運営会については、国会でこんな発言もあった。「金銀運営会というのは時計屋じゃありませんか。日本中の、特に東京、大阪を中心とする時計屋の仲間で、それが僅少な業者を仲間に入れて設立したのが金銀運営会なのです」（第15回国会衆議院行政監察特別委員会第6号、1953年2月21日)。発言者は、金銀運営会が単なる時計販売業者の集まりだったとみているようだが、前身の聯盟が大蔵省や日銀と密接な関係を持ち、軍や昭和通商と組んで中国大陸で貴金属を売却し、その貴金属が工作活動に利用されていたことを考えると、相当に政治性を帯びた団体だったように思える。

前述の記念帖の巻末には、金銀製品商聯盟に貢献した関係者の一覧がある。このうち「輸出斡旋者」の項目には、矢板玄の名がある。肩書は「前昭通」(注・前昭和通商)だ。このほかにも亜細亜産業の社員とみられる名前が複数、確認できる。聯盟を引き継いだ金銀運営会と、亜細亜産業とのつながりの深さがうかがえる。

金銀運営会がプラチナをどれぐらい保有していたかは、集めた資料では確認できなかった。1952年6月27日の読売新聞には、戦時中に回収機関が買い上げた貴金属のうち、敗戦後の保有量を伝える記事があり、プラチナは全体で786キロとある。この記事では、機関ごとの保有量が示されているが、金銀運営会は「金」と「銀」の保有量のみが書かれており、プラチナは見当たらない。ただ、記事は「数字については団体の自主的調査によるもので政府では責任はもてぬといっている」とあり、各機関に未報告分がある可能性を示唆している。

荒井と柴田の証言を考え合わせると、プラチナの流れは一本の線でつながる。金銀運営会から亜細亜産業へ、亜細亜産業に出入りしていた宮崎清隆から荒井工業の経営者だった荒井の長兄へ。柴田は語る。「荒井さんという証言者がプラチナと言っているのは、すごく説得力があります。作り話だったら『金の延べ棒』と言いますよ。プラチナだから、僕は間違いない話だと思ったんです」

柴田の『最後の証言』にも、亜細亜産業が「金の延べ棒」を資金源にしていた話は印象的に描かれているが、「プラチナ」のほうはほとんど登場しない。つけるウソではない――という判断である。柴田が「荒井工業が下山事件で何らかの重要な場所として使われた」可能性が高いとみたのは、これが理由だった。

「父はすべてを話していない」

それでは、プラチナの延べ板はどういう趣旨で、荒井の長兄の手に渡ったのだろう。荒井証言をおさらいすると、荒井工業は染色工場だった建物を使い、切削作業にはヌカ油を使っていた。下山の衣類からは色素とヌカ油が検出されている。事件前から荒井工業の「顧問」だった鉄道弘済会職員の宮崎清隆は、事件当日も操業中の工場に現れたが、事件後に姿を消した。そして荒井工業は、事件への関与が指摘される亜細亜産業の系列工場だったという。荒井証言を総合すると、こう解釈することはできないか。

「下山（あるいは下山の遺体）は事件当日の夕方以降、終業後の荒井工業へ運び込まれた」。プラチナは「場所貸し」をした町工場に対して、亜細亜産業が宮崎を介して支払った「協力謝礼」であり「口止め料」でもあったのではないか――。

私は荒井に「プラチナは、荒井工業が亜細亜産業から受け取った『口止め料』だったのではないか」と、単刀直入に尋ねたことがある。２０２１年の冬だった。すでに90歳代半ばになっていた荒井は体力も落ち、自宅２階のベッドで横になっている時間が多かった。話を聞ける時間はもう、無尽蔵にあるわけではない。面と向かって尋ねれば、洗いざらい話してくれるのではないかと期待した。だが、彼の答えはこうだった。

「それはない。兄貴は下山事件を知らない。ミキサー製造で鉄道弘済会にこたえたいと思っていた。全力を尽くしてくれという意味だろう。工場は大きくて、20人ぐらい工員がいた。がんばれということではないか」。この日、荒井は2時間にわたって空襲や徴兵検査の体験談や、荒井工業の様子などについて詳しく聞かせてくれた。それまで通りの誠実な口調で、意識もはっきりしていたが、プラチナについては「ミキサー製造へ報いる激励」以外のことを語らなかった。

しかし、荒井のこの説明には引っかかる点がいくつもある。鉄道弘済会が取引先への奨励金をプラチナで渡すのは不自然だし、それを町工場に渡す役目を、当時30歳の一職員に過ぎなかった宮崎が担うことにも違和感が残る。何よりも、現在の価格でミキサー1台が1万円と仮定すれば、奨励金は6500台分の売り上げに相当する。財政の立て直しを図っていたという鉄道弘済会が、そんな大金を出すだろうか。取引先に配れるほど潤沢にプラチナを保有していたという文献も見当たらない。ミキサー製造への激励だったとすれば、「下山事件の後、鉄道弘済会との取引も終わった」という荒井自身の証言ともつじつまが合わない。

荒井は15年近くにわたり、私の取材に誠実に応じてくれた。彼が事実として語ってくれたことの多くは信憑性が感じられた。それなのに……。プラチナの趣旨については、不十分な説明に終始する。

終業後の荒井工業に下山が運び込まれた可能性についても「それはない」の一点張りだ。確かに、荒井自身は何も見なかったかもしれない。荒井は当時、工場の近くに住んでおり、終業後は帰宅してしまった可能性がある。荒井が著した自伝的小説の作中では、荒川河川敷の近くにあった「皮なめし工場」に下山が連れ込まれたことになっている。いまは小菅西公園になっているあたりだ。ただ、その根拠を尋ねると「推理」ということで、彼が事実として書いたことではなかった。そんな荒井の様子から私が感じ取ったのは、すでに亡くなった長兄や若き日に自身が汗水を流した荒井工業を、下山事件と絡めてこれ以上は語りたくないという固い意思だった。

親族たちの重い口を開かせる作業に苦心し続けた経験のある柴田は、言葉に実感をにじませた。「下山事件の関係者は概して、荒井さんと似ているんです。知っていることを誰かに打ち明けずにいられなくなって、話し始めるんだけれども、肝心なところでは口を閉ざしてしまうんですよね」

２０２３年7月8日、荒井は亡くなった。96歳だった。4月上旬に重い肺炎を発症し、命も危ぶまれる状態で入院したが、驚異的な生命力で、いったんは短い会話ができるまでに回復した。しかし、退院はかなわず、最後は眠るように、穏やかに亡くなったという。

葬儀が終わって少したった頃、私は荒井の長女を訪ね、長年にわたる荒井の協力に感謝を伝えた。長女は、荒井が私から取材を受けていることを本人から聞いて知っていた。荒井は腕のいい旋盤職人で、入院する直前まで注文を受けて機械部品を作っていたことや、小学校を出てすぐに働き始めたが、人一倍記憶力がよく、知能テストで周囲が驚くような成績を残したこともあったと聞かされた。

帰り際、玄関まで見送りにきた彼女は、こんなことを言った。

「私も父から、『荒井工業に下山事件のキーパーソンが来ていた』とか、『長兄がプラチナをもらった』という話を聞いたことがあります。でも、父はすべてを話していない気がしています」

第七章「他殺説」封印の構図

他殺説を封じる強い意思

ここまで、約20年にわたって私が取材した新資料や新証言を紹介してきた。これらの情報が示唆するのは、「下山は何者かに殺害された」ということだ。しかし、事件当時、警視庁の捜査本部を主導していた捜査一課は、早々に「自殺」と結論づけ、発生翌月には「下山は自殺だった」と発表することを試みた。その後、警視庁の動きはほとんど止まったが、他殺とみていた東京地検は、下山の衣類に付着していたヌカ油や染料、不可解な壊れ方をしていた靴などの科学捜査を続けていた。

翌年早々、自殺を匂わせる「捜査報告書（下山白書）」が雑誌に掲載され、世論に自殺を印象づける。白書の出どころは捜査一課とされる。事件から1年もすると、捜査本部はすでに消滅し、下山事件を追っていたのは、他殺とみていた捜査二課の数人と、東京地検のみだった。一連の経過から透けて見えるのは、「他殺説を封じる強い意思」だ。その正体は何だったのか、最終章で考えてみたい。

他殺説の立場から見ると、下山事件とは「下山を殺害し、自殺に見せかけようとした事件」ということになる。自殺を偽装した仕掛けは、複数の人が目撃した「下山のような男」だ。下山が姿を消した日、東京都足立区の五反野地域では、午後から夜にかけて、きちんとした身なりの紳士が徘徊するのを住民たちが目撃している。下山のような男が五反野をうろついていた、という目撃情報は、「下山は自分の意思で轢断現場まで来て鉄道自殺した」という筋書きを信じ込ませる上で有利になる。

目撃者の証言は、末広旅館の長島フクのように、服装から細かなしぐさまで下山の特徴を正確に言い当てたものもあれば、「顔を合わせるほどの近さで会ったのでよく覚えていますが（中略）下山さんの人相とはまったく似ても似つかない別人でした」（『謀殺 下山事件』）など、下山本人とは思えないものもあった。このため、事件当時から「五反野で目撃されたのは下山の服を着た別人ではないか」という見方が存在していた。「替え玉」が歩き回っている間、下山本人は犯行グループに監禁されていた、という見立てだ。

小説のようなトリックだが、荒唐無稽とも言い切れない。『最後の証言』を書いた柴田哲孝は、私にこんな話をしてくれた。「亜細亜産業に当時勤めていた私の大叔母によると、7月5日を含む2日間か3日間は会社が休みだった。彼女の記憶では『社長が田舎に帰るため』といった理由だった。別の元事務員の女性に対する取材でも、『確かに会社は休みだった』と聞いた」

下山が失踪した7月5日は火曜日だった。その前後を含め、社長の帰省を理由に、会社が平日に連続で休業するのは不自然だ。もし、下山が亜細亜産業に監禁されたとすれば、無人の事務所は好都合だっただろう。下山は三越で待ち合わせた何者かに、誘われるか、脅されるかして、亜細亜産業に連れ込まれたのかもしれない。実際、三越の地下入り口では、下山のような男性が階段を降りていき、その後ろを2、3人の男がついていくのを見たと、女性店員が警視庁に証言している。そこからライカビルへ向かう地下道には、国鉄幹部の会合場所になっていたとされる「室町茶寮」があった。警視庁は否定したが、支配人は下山に似たような男を含む5人連れが茶菓をとって20分ほど話していったと証言している。地下道を通って亜細亜産業に連れ込まれた下山が監禁されている間、下山の服を着た別人が五反野を歩き回ることは、仮説としては成り立つ。

血液がほとんど残っていなかった遺体

自殺を偽装した殺人事件は、決して珍しいものではない。試しに、読売新聞のデータベースで「自殺、偽装、殺人」というキーワードで、2024年4月から過去20年の新聞記事を調べたところ、約200件見つかった。この中には、一つの事件を何度かにわたって記事化したものも含まれるが、自殺に見せかけた殺人がたびたび起きているのは確かだ。これらの記事を読むと、犯行側が自殺を偽装した共通の動機は「保身のため」だ。下山事件に当てはめると、「犯行グループは、自分たちに捜査が及ばないよう、自殺を偽装した」ということになる。

自殺を偽装するには、殺人の痕跡を残さないことが重要となる。銃や刃物を使えば遺体に痕跡が残り、薬物を使えば血液に痕跡が残る。東大が作成した下山の解剖結果の鑑定書では、他殺と推定しながらも、死因については「最も考えられ易いのはショックである」と、明確な断定を避けている。つまり、殺害方法ははっきりしなかったということだ。鑑定書の慎重な記述は、犯行側が自殺を偽装するため、痕跡の残る殺害方法をとらなかったか、殺害の痕跡を消したこととの裏返しと考えればつじつまが合う。

下山の遺体には、なぜか血液がほとんど残っていなかった。「轢断されたときに飛散したのだろう」とみる向きもあったが、国警科学捜査研究所が轢断現場から掘り起こした砂利を鑑定したところ、「砂の含血量は普通の自殺なら一〇－一五%であるのにこの場合は零に近い微量」（『読売新聞』1949年7月12日）だった。轢断前にかなりの血液が失われていた可能性を示している。血はどこへ消えたのか。

事件の3日前、韓国代表部に下山殺害計画の情報を持ち込んだという「情報屋」の李中煥は、事件翌年、東京地検の布施健検事にこんな証言をしている。「（下山の）腕の血管を切断して血を抜きゴムの袋に入れて（中略）置いておきました」（『産経新聞』1979年7月6日）。証言の真偽は不明だが、読売新聞に保管されている資料写真を見ると、確かに下山の遺体は異様に白い。轢断現場で遺体を確認した駅員は、肌が白いので女性の死体と思い込んだと書く文献もある。

もし、血を抜いたなら、犯行側はその痕跡を消し去ろうとするだろう。遺体を海に捨てたり、地中に埋めたりしても痕跡は消えない。しかし、下山の遺体は列車に轢断され、頭、胴、右腕、左腕、右足首に分離して散乱していた。解剖に立ち会った東大法医学教室の古畑種基は、遺体の状態から、轢断されたときの姿勢は、「うつぶせ、直角に線路上に横たわり、おそらくアゴを線路上にのせていたと思われる」（『法医学秘話　今だから話そう』中央公論社）と推測した。頭は機関車から見て右側のレール上にあったとみられる。この体勢だと、右腕側から機関車に轢かれる。情報屋の李中煥は証言している。「血を抜いた方の腕が轢断せられるような風に屍体を置いたのであります」

下山事件が起きたとき、真っ先に疑われたのは労組左派や共産党などの共産主義勢力だった。このため、他殺説の中には、下山事件は「共産主義勢力を抑え込む口実にするため、反共側が起こした謀略事件ではないか」という見方もある。確かに、1949年夏に立て続けに起きた「国鉄三大事件」をみると、こうした見方には説得力がある。

下山事件から10日後の7月15日、三鷹駅で無人電車が暴走し、26人が死傷する「三鷹事件」が起きた。共産党員らが逮捕され、10人が起訴されたが、結局、非共産党員の1人を除いて全員に無罪が言い渡された。8月17日には福島県内の東北本線でレールが人為的に外されて列車が転覆し、3人が死亡する「松川事件」が起きた。国鉄労組員ら20人が逮捕・起訴されたが、結局、全員無罪となった。それでも、これらの事件によって共産主義勢力が打撃を受けたのは確かで、謀略だったとすれば、目的を達したことになる。

しかし、下山事件が共産主義勢力を弾圧するための謀略事件だったとすると、なぜ自殺を偽装したのか、という疑問が残る。自殺では「犯人」が存在せず、弾圧の口実にならないからだ。下山事件の後、労組や共産党への風当たりが強くなったのは確かだが、下山を殺害しなくても同じような効果を得る方法はあったのではないか。この疑問については後述したい。

発表の土壇場で「自殺と認定は尚早」

さて、犯行側が自殺を偽装しても、捜査機関が見破れば殺人は露見する。しかし、捜査一課は早々に自殺と断定し、事件の幕引きを図った。その根拠を、捜査一課の名物刑事、平塚八兵衛は後年、こう語っている。

「オレが自殺だときめつけたのは、当時の下山さんの健康状態、それに三越から姿が見えなくなって、五反野で死体となってみつかるまで二十三人もの目撃者がでた点、この二つを突き合わせて、どうして替え玉なんていえるか——ということだ」(『刑事一代——平塚八兵衛の昭和事件史』佐々木嘉信著、産経新聞社編、新潮文庫)

長島フクの証言を聞き取った捜査一課の関口由三は、「まず第一には、なんといっても、二十三人の目撃者である(中略)第二は、下山総裁の病状と行動の一致である(中略)第三は、轢死現場の状況である(中略)飛び込み自殺には地形的にもよく、過去にもその例が多い場所である」(『真実を追う——下山事件捜査官の記録』)とつづる。

自殺説の最大のネックは、「死後轢断」という解剖結果との矛盾だ。後年に出版された自殺説を唱える書籍には、科学的に自殺を立証しようとしたものもあるが、少なくとも当時の捜査員たちは目撃証言を重要な根拠としており、科学的な合理性をもって自殺説を主張していたわけではなかった。

事件発生からおよそ1か月後の8月3日の朝刊で、毎日新聞はスクープを放つ。「特捜本部、自殺と断定　きょう合同捜査会議」。捜査本部が最終的な討議を行い、自殺と断定したとの内容だ。記事によると、警視庁トップの田中栄一警視総監も自殺の結論を受け入れたとされる。同じ日の読売新聞もこう報じている。「近日中に〝自殺と推定〟の結論を本部意見として公表するものとみられる」

そして合同捜査会議は8月3日、目黒区の警視庁刑事部長公舎で午前10時から開かれた。参加したのは、警視庁、東京地検、東大法医学教室だ。捜査本部は会議後、下山は自殺したと発表する予定だった。しかし、報道によると会議の流れはこうだった。警視庁は捜査経過を述べた後、「まだ捜査の足りない点もあるが本部としては自殺と思える」と主張した。これに対し、「検察、東大側より種々質問、疑問の数点に対し、捜査の不足を強く指摘した、かくてこの日の会議は結局『自殺と認定は尚早』との結論に達しさらに捜査続行を申合せ午後四時過ぎ散会した」（『読売新聞』1949年8月4日）。

同じ紙面には、田中警視総監の談話が載っている。「下山事件に関してはいまだ自殺、他殺を決定する状態にまで進んでおらずこの複雑多岐な事件に対しては依然捜査を続行し長期にわたるも真相の究明に当たらねばならない、近く自殺の発表を行うなどとは全然考えていない」。毎日新聞のスクープ記事では、事前に自殺説を支持していたはずの田中が、完全に手のひらを返している。捜査本部を率いる警視庁の坂本智元・刑事部長と記者の一問一答も載っている。記者からの「他殺について強い意見は出たか」との質問に対し、坂本は「然り、本部としても解剖所見はあくまでも十分尊重する」と答えている。

自殺説で突き進んできた警視庁が、土壇場で腰砕けといってもいい態度に変わっている。警視庁は、自殺説で強行突破を図れば、他殺とみていた東京地検や東大が反発することは織り込み済みだったはずだ。だからこそ、この会議には「もし自殺説が敗れたときは『捜査本部総員が警視庁の権威のために辞職する』決意で臨んだ」(『読売新聞』1950年7月6日)のだろう。そう考えると、発表を見送った理由は、地検や東大が捜査不足を指摘したからではない。一体何があったのか。

捜査一課員が語った「アメリカ筋の圧力」

この会議の舞台裏について、毎日新聞の平正一はこう記す。

「そのとき、田中警視総監から電話がかかってきた。『公式発表はしばらく待て』坂本刑事部長は大急ぎで警視庁にかけつけたが、すぐ、総監とともにいずれかへ出かけて行った。（中略）蒼白な顔で帰って来た坂本刑事部長は、くずれるように腰をおろすと、両肘を机の上に立てて、その手で髪の毛を引き抜くようにしっかりと握りしめていた。『ダメだ』そうつぶやくだけがやっとのことのようだった」（『生体れき断――下山事件の真相』）

警視庁は圧力を受けて発表を見送ったというのだ。

その圧力の正体について、捜査一課の関口由三は、こう語っている。

「私の推測ですが、アメリカ筋の圧力だと思います。その方が彼らには都合がよかったのでしょう。当時の情況から私はそう考えています。それ以外に理由は考えられないのです」（『資料・下山事件』）

関口のいう「アメリカ筋の圧力」とは、GHQを指していると考えられる。当時、日本は独立を回復しておらず、GHQが日本政府を通じて施策を実行していた。警察組織を掌握していたのは、GHQの参謀第2部（G2）だ。参謀部は4つの部局（G1～G4）からなっていたが、諜報や検閲を主な任務としたG2は、対外的な接点も多く、GHQの組織の中では花形だったという。

発表を差し止めたのがG2だったとして、合同捜査会議にいきなり介入してきたわけではない。下山事件の発生後、G2が警視庁から頻繁に捜査情報を得ていたことがアメリカ政府の公文書で確認できる。G2は捜査一課が自殺説で早期に幕引きを図ろうとしていたことを知っていた。むしろ、占領期の力関係を考えると、自殺説による早期幕引きはG2の意向だった可能性もある。捜査一課が、解剖結果と科学的に矛盾する自殺説で強行突破を図ったのは、GHQの花形だったG2の後ろ盾があったからではなかったか。

そう仮定すると、G2はそれまで自殺説での早期幕引きを促しながら、土壇場でブレーキをかけたことになる。どう解釈すればよいのだろうか。

結果として社会的に孤立した共産党

私は2024年4月、福島大学名誉教授の伊部正之の見解を聞くことにした。伊部は福島大に1988年にできた「松川資料室」で長年、松川事件の資料収集や整理にあたり、元被告や弁護士とも接点を持ってきた。松川事件に関する複数の著書も出しており、占領下の事件や当時の権力構造にも詳しい。そんな彼に、まず国鉄三大事件をどう見ているのか、単刀直入に尋ねた。

「国鉄三大事件が起きた頃、日本を取り巻く東アジアでは共産主義が拡大し、朝鮮戦争の勃発も迫っていました。占領軍にとって、日本の共産主義化を防ぐことや、日本国内の鉄道網を軍事輸送に自由に使えることが欠かせなかった。それを阻害する恐れのある労組や共産党の影響力を削ごうとしたのだと思います。労組や共産党が国民の支持を失い、弱体化することは、当時の保守的な政権にとっても望ましかった。日本の共産主義化を防ぐという目的のため、権力側が起こした事件だったと私は考えています」

そして続ける。「国民には共産党への恐怖感があった。共産党が革命を起こすという説が巷《ちまた》に流布し、シベリア帰還者が大挙して共産党本部に向かったというような報道を耳にしていたからです。そういう状況下で下山事件が起き、多くの人々は『共産党ならやりかねない』と思い、政府もそれをにおわせた。共産党と国鉄労組が犯人だという世論誘導に成功したわけです。続いて三鷹事件が起き、共産党員らが逮捕され、人々の共産党への恐怖心は増幅しました。そして松川事件が起き、共産党は社会から決定的に孤立しました。それは選挙結果を見れば明白です」

衆院選の結果を見ると、下山事件が起きる前の1949年1月の第24回総選挙で、共産党は改選前の4議席から35議席へと大きく躍進したが、事件から3年後の1952年10月の第25回総選挙では0議席へと転落している。

シベリア抑留者についても補足したい。ソ連は、抑留した57万人以上にのぼる日本人を労働力として使っただけでなく、思想教育を行っていたことが知られている。「共産主義者」に仕立てて帰国させるためだ。帰還した抑留者や、それを迎える仲間たちの異様な高揚が、1949年7月3日の読売新聞に描かれている。下山が失踪する3日前の出来事だ。

「引揚再開の第一陣は二日入京した、四年にわたつて〝訓練〟された〝赤の精鋭〟たちはこれを迎えるにふさわしい赤旗の嵐のなかに降りたつた、出迎えの女学生、学童らが打ち振る歓迎の日の丸などもちろん目に留まらなかつた、彼らが真先きに応えたものは林立する赤旗と、労働歌であつた、その一行は〝鉄のカーテン〟から持ち帰つたリユツクをそのまゝ背負つて赤い大会に直行した（中略）東京駅から上野駅へ――十一時十八分着だ、同駅頭も朝来出迎えの日の丸と赤旗の林立と交錯、その中へ列車がすべりこむ　窓外出迎え者の労組員からおこるインターナショナルの歌声に六百余名の引揚者は接待の湯茶など目もくれずーせいに窓ぎわのベンチにかけ上つて窓の内外相呼応しての合唱（中略）共産党員の赤旗に前後を守られて区役所に向い同公会堂へはいりこんで歓迎大会に出席（中略）このうち大部分は共産党員とともに代々木の党本部、ソ連大使館へ挨拶」に向かったという。共産主義勢力の熱狂と、不安げに見守るしかない人々の断絶が目に浮かぶ。

ただ、下山事件では共産党員も労組員も逮捕されていない。弾圧を意図したとすれば、効果は弱かったのではないか。伊部にそう尋ねると、「無理に誰かを捕まえなくても、共産党や労組に打撃を与えるには、下山総裁が不審な死に方をするだけで十分と考えたのかもしれません」。

確かに、下山の遺体が見つかった翌日の読売新聞を見ると、その見方は当てはまるように思える。紙面には、下山事件を受けて、吉田首相が国家非常事態宣言を出す準備を完了したとの記事が大きく載っている。捜査は緒に就いたばかりだったというのに、吉田は、下山事件の背後にあるものについて、「政府の行政整理にいどみ、これを阻害しようとする何らかの政治的意図によつて引起されたもの」とみていることが記されている。名指しこそしていないが、共産党や労組による犯行を匂わせているのは明らかだ。下山の死に衝撃を受けた人々は、共産主義勢力への不安が的中したように感じたかもしれない。

ただ、人々が衝撃を受けたのなら、捜査一課が自殺での幕引きを急いだのはなぜだろうか。衝撃の「余韻」が長く続いた方が、共産党や労組のダメージも大きくなるはずではないか。伊部は答える。「最近になって、こんな話が明らかになりました。昭和天皇は『アメリカが松川事件をやったと聞いた』と、宮内庁長官に語ったそうです。つまり、権力の中枢では、松川事件は占領軍が関与した謀略事件だったという話がささやかれていたということです」

　昭和天皇の言葉は、『昭和天皇拝謁記――初代宮内庁長官田島道治の記録５』（田島道治著、岩波書店）で確認できる。国鉄三大事件から４年後の１９５３年11月11日のことだ。「一寸法務大臣にきいたが、松川事件はアメリカがやつて共産党の所為にしたとかいふ事だが」と発言している。それが、自殺説による早期幕引きとどうつながるのだろうか。伊部は続ける。

「松川事件だけではありません。三鷹事件では、発生直後に米軍のＭＰがやってきて日本人を追い払い、現場に近寄らせなかったという証言があります。電車は駅前の交番に突っ込みましたが、４人の警察官は交番内におらず、全員無事でした。事件を予告する電話があったからです。つまり、占領軍と警察は、事件が起きることを事前に知っていた可能性があるということです。下山事件も同じように占領軍が関与していたとすれば、それが明るみに出ることは、占領軍側としては絶対に避けなければならなかった。そこで、計画的に自殺を偽装しておき、下山の死で人々に衝撃を与えた後は、警視庁に自殺として早期に幕引きさせようとした可能性があると思います」

　では、占領軍側が自殺を偽装したとして、土壇場で自殺説の発表を差し止めたのはなぜだったのか。「他殺説に未練があったのだろうと思います。8月初旬の段階では、三鷹事件や、これから起きる松川事件の『効果』がどう出るか、まだ読み切れなかったのではないか。下山事件を急いで自殺と結論づけるのではなく、共産党や労組が引き起こした事件だった、というストーリーを流せる余地を残しておきたかったのではないかと思います」

「冷やかな鉄路を枕に、快きお昼寝のさ中かと案じ」

下山事件が権力側による謀略だったという証拠を、私は持ち合わせていない。ただ、次の文献は、筆者も意図せずに、極めて重要なことが書かれているように思えてならない。日本テレビの元専務で、下山事件当時は読売新聞社員だった柴田秀利が著した『戦後マスコミ回遊記』(中央公論社)だ。柴田は、下山事件の一週間ほど前にあった出来事をこう書いている。

「武藤三徳君(注・後の読売新聞常務)が息せき切って社長室に飛び込んできた。『おい、大変だ、今警視庁から連絡があって、共産党がいよいよ本格的なテロを始めるというんだ。その暗殺リストの中に社長(注・馬場恒吾)と君の二人の名が入っているから、早速二人にどこかへ隠れてくれといってきたよ。で、どこがいいか聞くと、さすが専門家だ、熱海に手配したから、今からすぐ行ってくれというんだ』」

要人を狙ったテロを「共産党」が起こすことを、「警視庁」が新聞社に予告してきたというのだ。しかし、下山事件の捜査で共産党員は検挙されていない。共産党が動いていないにもかかわらず、警視庁の予告通り、要人が怪死する下山事件が起きた。これは何を意味するのか。当時の警視庁がどのような立場だったかというと、先に書いた通り、日本の共産主義化阻止を図るG2（参謀第2部）が日本の警察組織を掌握しており、警視庁トップの田中警視総監はG2に連なる人脈の一人だった。そう考えると、「テロ情報」や「暗殺リスト」は、共産党に疑いの目を向けさせるため、G2などの権力側が考えた作り話だった可能性が出てくる。

不可解な話はまだ続く。熱海の旅館に滞在していた柴田と馬場社長は7月6日、下山事件をニュースで知り、顔を見合わせて驚いたという。問題は、それから2、3日後、親交のあった吉田首相から届いた手紙だ。再び文献から引用する。

「暑さ厳しさを益す昨日、今日、今頃はさぞかしお二人とも冷やかな鉄路を枕に、快きお昼寝のさ中かと案じ一筆御見舞申上候」

冷やかな鉄路を枕に——。線路上で轢断遺体となって見つかった下山を茶化すような文面に言葉を失う。下山が轢断されたときの姿勢は、まさにレールに頭を載せていたと推定されている。この手紙と同時期、下山の葬儀に送った弔辞とは別人のような筆致だ。吉田の弔辞はこんな内容だ。「今や漸く祖国再興の緒に就きつつあるの秋君の如き剛胆《ごうたん》にして有情而も練達有能の士を失つたことは、独り鉄道界の一大損失たるに止まらず国家の為にも亦真に痛恨に堪えないところであります」（『下山総裁の追憶』）

吉田が本心から下山の死を国家的損失と思っていれば、悲痛な弔辞の裏で、下山を茶化すような手紙は書けなかったろう。吉田にとって、下山の死は驚くべきことではなかったのかもしれない。そして、警視庁が予告したように、下山事件が共産党によるテロだったなら、吉田は次の標的が誰で、いつ起きるかも分からず、冗談めかした手紙を呑気に送っている場合ではなかったはずだ。これらの疑問は、こう仮定すれば説明がつく。「吉田は、下山事件は共産党とは別の勢力が起こし、下山以外に犠牲者が出ないことを知っていた」

「反共」という強い意思で結ばれた人脈

事件から2年後の1951年4月、アメリカのジョン・フォスター・ダレス特使との会談で、吉田は下山事件についてこう語ったという。

「一人の朝鮮人による犯行だった。しかし犯人はすでに朝鮮（原文はコリア）に逃亡したと思われ、逮捕することは不可能」（『読売新聞』1978年4月30日）

この発言はアメリカ政府の外交文書に記録されていた。記事中、会談の同席者らは「記憶にない」などと語り、捜査関係者は「朝鮮人犯行説」に疑問を呈している。発言の中身はさておき、この文書で重要なのは、吉田は実行犯を知りうる立場だったということを、自ら認めていることだ。吉田もG2に連なる人脈の一人だった。

権力側の人脈をおさらいしておく。吉田とG2を率いるウィロビーは、頻繁に会談するほど親密だった。吉田の側近は、警察官僚でもある旧内務官僚の増田甲子七官房長官だった。国家地方警察長官の斎藤昇は、増田の内務省時代の後輩にあたる。警視庁トップの警視総監は田中栄一で、斎藤とは内務省の同期入省組だ。田中は、旧内務官僚の安井誠一郎・東京都知事の推薦で警視総監に就いた。斎藤と安井、そして内閣総理府調査室長の村井順は、G2の諜報組織「キャノン機関」に出入りしていたとされる。

キャノン機関には、元日本軍関係者らによる下部組織が複数あった。このうち、密輸船の運航などを担った「矢板機関」の機関長は矢板玄で、キャノン中佐と懇意にしていた。矢板は亜細亜産業の社長を務め、その会社は下山が失踪した三越と同じ日本橋にあった。複数の文献で、キャノン機関と亜細亜産業は下山事件への関与が指摘されている。

下山事件が権力側による謀略だったかどうかは定かではないが、事件への関与が指摘される側と、捜査する側の警察は、少なくとも幹部レベルでは濃密な接点を持っていたということは言えるだろう。そして、この人脈を結びつけていたのは「反共」という強い意思だった。

この「反共人脈」に、私が取材した荒井工業や元憲兵の宮崎清隆を付け足すとこうなる。矢板が率いる亜細亜産業の系列工場の一つが、下山の轢断現場の近くにあった「荒井工業」だった。下山の衣類に付着していたヌカ油や染料が、この町工場の条件と符合することはすでに書いた通りだ。荒井工業は鉄道弘済会にミキサーを納めており、弘済会から顧問として頻繁に工場を訪れていたのが宮崎清隆だった。荒井工業の建物内部や、小菅周辺の地理に通じていた宮崎は、亜細亜産業に出入りしていた反共主義者だった。つまり、G2を頂点とする反共人脈の末端にいたのが宮崎だった。

では、荒井工業は——。事件後間もなく、弘済会との取引は打ち切られ、宮崎は姿を見せなくなったという。下町の小さな町工場は、あの日、下山事件の「現場」として使われ、プラチナと引き換えに捨てられたのだろう。

下山事件から5年後の1954年。すでに占領期は終わり、東京では地下鉄丸ノ内線池袋―御茶ノ水駅間が開業し、人々は街頭テレビのプロレス中継に声援を送った。高度経済成長期の入り口となる「神武《じんむ》景気」が始まったのもこの年だ。

4月、荒井忠三郎は洗礼を受けてクリスチャンになった。家族には、その理由を「戦争で多くの人が亡くなったのに、自分は軍隊に行かなかったことに苦しんだ」と話していた。しかし、入信時期は敗戦から10年近くたっていた。
あるいは「何か」を見聞きしてしまったのかもしれない。こうも語っていたという。「死に神にとりつかれた」

あとがき

本書は、読売新聞のウェブページ「読売新聞オンライン」で２０２２年12月から23年９月にかけて連載した「下山事件の謎に迫る」に加筆し、再構成したものだ。

この連載は、挫折から始まった。下山事件の取材がある程度進んできたこともあり、22年の初め頃、私は夕刊連載の社内公募に手を挙げた。企画書を作って関係先に説明したが、結局採用されなかった。落胆したが、次善の策を練り、読売新聞オンラインに書くというアイデアが浮かんだ。オンラインは比較的自由なテーマで書くことができ、紙と違って行数の制約もない。私の取材に興味を持っていた後輩が開いてくれた激励会でそのアイデアを披露したところ、「知り合いがオンライン部門にいます」と紹介されたのが、当時デジタル編集部にいた込山駿さんだった。

最初の顔合わせは中野駅北口の小さな中華料理店だった。私の企画書を黙って読み通した彼は、顔を上げると、「やりましょう」と、右手を差し出した。あとで聞くと、一つのテーマを愚直に追っている記者が同じ会社にいたことに驚き、嬉しく思ったのだという。彼はさっそくオンライン部門の幹部を説得して回り、同意を取り付けてくれた。連載開始後、彼は他部門に異動したが、この仕事だけは編集者として最終回まで担当してくれた。連載が進むにつれて理解者も増え、私たちは最終的に、社内表彰「編集局デジタルアワード2023年『年間大賞』」を受賞した。夕刊連載が潰《つい》えたときは考えもしなかったが、進んだ道の先に何が待っているかは、やってみなければ分からない。

本文にも書いたが、私は約20年にわたって、本来の取材活動の傍ら、下山事件を追ってきた。取材は色々な意味で時間との闘いだった。著名な法医学者に取材を申し込んだときは、家族から「高齢で会話できる状態ではない」と丁重に断られた。名古屋に赴任して警察担当のキャップを務めたときには、大小の事件に振り回されて時間が取れず、1年以上も取材が中断した。一時期、取材部門からイベント部門に異動したときは、翼を失った鳥のような心境になり、取材がしばらく手に付かなくなった。

それでも下山事件に関心を持ち続けられたのは、私に「鉄道員の血」が流れていることが影響しているかもしれない。父方の曽祖父は九州の小都市の駅長、祖父は鉄道省（国鉄）の技師、父はメーカーの技術者として初代東海道新幹線の台車開発に携わった。母方の祖父は建設会社の測量士として東海道新幹線の建設工事に携わり、母は父と同じ会社の鉄道車輪等製造部門の事務職だった。私は新聞記者の道を選んだが、自分なりの形で家業を継いだように思う。

取材は不思議な運に助けられた。それを最も感じたのは、長年の知り合いだった元高校教諭の永瀬一哉さんから不意にもたらされた元検事の「捜査秘史」だ。永瀬さんが約30年前、たまたま元検事の身内の生徒を受け持ったこと、その生徒に元検事との面会を提案されたこと、永瀬さんが面会時に受け取った捜査秘史を大切に保管していたこと、それを退職後に読み返したこと、教員時代に知り合った私と交流が続いていたこと、私が下山事件を追っているとも知らず、私に知らせようと思ったこと……。まるで、連続する針の穴に糸を通すような偶然が重なって、捜査秘史は私の手元に届いた。非科学的だが、先人が封印した記憶を後世に伝える役目を果たすよう、見えない力が私に味方しているように感じた。

荒井忠三郎さんとの遭遇もそうだ。彼が「自伝的小説」を書き、冊子にまとめ、それを博物館に届け、たまたま私が博物館を訪ね、なじみの学芸員が見せてくれた、という歯車の一つでも欠けていれば、私は荒井さんの存在を知ることもなかった。

荒井さんは元気だった頃、家族に「新聞記者に昔の話を細かく聞かれているんだ。本でも書くのかな」と話していたという。自分の証言をきちんとした形で残せることに期待していたのだろう。連載が始まった頃、荒井さんに記事のコピーを郵送したことがある。感想をつづった返信の末尾には、こう書かれていた。「木田さんも下山病にとりつかれてしまったか。――多分、中ノ橋や小菅神社を行ったり来たりしたのでしょう。ミヨシ通りも。では又　お元気で」。軽やかにペンを走らせる姿が思い浮かぶような、どこか嬉しそうな文面だった。それから間もなく、荒井さんは肺炎で入院し、再び帰宅することはなかった。連載が始まったことを見届け、安心して旅立ったのだろうか。

下山総裁の孫に会ったとき、こんな話をしてくれた。「私の父は生前、『自分たちがいなくなったら、もう親父（下山総裁）のことは忘れられてしまうな』と、母につぶやいたことがあったそうです」。彼はそのとき、自分の幼少時代の写真を見せてくれた。年老いた下山総裁の妻が、満面の笑顔で孫や子たちに囲まれていた。もし、歴史が少し違っていれば、齢を重ねた下山総裁もそこに写っていただろう。

ささやかな幸福が詰まった1枚を見ながら、よく言われる「下山総裁の死は無駄ではなかった」という言葉の残酷さを思った。その言葉は、下山事件は日本経済が再起するきっかけになったという意味で、たびたび語られてきた。せめて意味のある死であってほしいという思いも幾分、含まれているとは思う。しかし、裏を返せば、国家再建の代償をこの一族に押しつけたことを肯定し、美化する論理だ。経済発展のためには、人命や家族の悲嘆など取るに足らない——とでもいうのだろうか。もし、現代の繁栄が誰かの不幸の上に築かれた後ろめたいものなら、少なくとも私は、その後ろめたさを直視したいと思う。

下山事件を追うジャーナリストたちの取材は今も続き、情報は更新されている。未だ解明されていないことも多いが、占領期に起きたこの事件の輪郭を我々の手ではっきりさせることは、日本が引きずる敗戦国のあきらめのようなものに、一つの区切りをつける意味があるように思う。私の取材はこれからも続く。

結びに、取材や執筆でお世話になったすべての方々に、この場を借りてお礼を申し上げたい。特に、貴重な証言や資料を寄せていただいた荒井忠三郎さんと永瀬一哉さん、取材に多大なご協力をいただいた作家の柴田哲孝さんと足立区立郷土博物館の多田文夫さん、端厳な推薦文を書いてくださったノンフィクション作家の保阪正康さん、オンライン連載をともにやり切った込山駿さん、書籍化に尽力していただいた中央公論新社の金澤智之さん、そして、本書の出版を自分のことのように喜び、心待ちにしてくれた大切な仲間たちに心から感謝します。

２０２４年９月10日

木田滋夫

資料編

「ガリ版資料」

（足立区立郷土博物館所蔵）

※資料の印刷状態が悪いため、正確に表記できていない可能性がある。

タイトル【他殺、自殺両見地から事件を見た場合の根拠、疑問点について】

他殺説の根拠となるべき事項

1、解剖所見中死後轢断の認定並にショック死の認定を可能ならしめる睾丸、陰茎の皮下出血

2、下山総裁の所持品中、ネクタイ眼鏡ライター煙草ケース及びパイプ未発見の事実　シャープペンシル　ナイフ　ネクタイ止　□□□□□（＊判読不能）

3、国鉄行政整理を繞る組合の動向

4、下山総裁が国鉄労働組合の動行《ママ》について情報蒐集に異常の関心を有つてゐた事実

5、自殺の決意或は精神異常に依る自殺を確定的に裏付けるに足る事実のない点
6、死体が現場にバラ〳〵になっておる

自殺説の根拠となるべき事項
1、三越内、地下鉄沿線及び事故現場附近に於ける足取
2、鑑識の結果
a、靴裏に草叢を歩いたと認められる色素の附着していた事実——自宅付近□□□（＊判読不能）がないか
b、背広上衣両側ポケット内よりからす麦五粒を発見した事実と事故現場附近に同種のからす麦が叢生している事実——両者が一致するか否かについては目下鑑定中
c、末広旅館より採取せる毛髪五本中内一本が下山総裁の毛髪に酷似している事実
3、解剖所見中死因不明の点
4、下山総裁の現場附近の土地鑑関係
a、葛飾区柴又一‐一八〇二料理店兼旅館川甚こと天宮清方に出入の事実（二三春、二四・四・五）
b、足立区梅田町一七二一番に下山総裁の実弟下山常雄が居住してゐる事実
c、下山総裁は刑務委員として昭和二十三年二月二十八日関東行刑管区の会合のため東京拘置所に赴いたことがあり同所屋上から現場附近一帯を一望に下《ママ》におさめ得る事実

d、昭和二十二年秋の水害に際し現場附近を視察した事実

5、捜査開始後二週間を経過した現在に至るも未だ現場に死体を運搬したことを現認した者を認め得ない点

6、機関車の下から血□□□（＊判読不能）噴出した傾向あり（血液型A）

自殺説に対する疑問点

1、解剖所見を如何に説明するか

2、轢断時に於ける身体の状態と右側排障器の屈曲状況との関係を如何に説明するか

3、所持品中ネクタイ、ライター、ケース、眼鏡及びパイプ　現場及足取□（＊判読不能）地点域に発見されない事実を如何に説明するか

4、覚悟の自殺と見るか精神異常に依る自殺と見るか

A、覚悟の自殺と見た場合

a、自殺の決意を何時したか

b、何故に自殺を決意したか

c、何故に鉄道自殺を選んだか

d、何故に長時間に亘って諸所を徘徊したか

e、何故に朝食後食時《ママ》をとらなかったか——自殺の時は必ず食事をする

f、何故にあの事故現場を選んだか

g、何故に遺書も残さず後事も託さず自殺したか

h、三越え《ママ》入る際「五分位で出て来る」と何故云い残したか

B、精神異常に依る自殺と見た場合

a、精神異常と認むべき具体的事実があるか

b、何時精神異常になったと見るか

5、下山総裁は長年に亘りパスを使用してゐるので精神に異常があっても習慣的にパスを使用し切符を買うとは考え難いのに五反野駅改札係の言に依れば切符を持ってゐたと云うがその点を如何に見るか

6、下山総裁の所持品中百円札は全部古いものであるのに末広旅館の女将は新しい札を受けとったと供述してゐる矛盾を如何に見るか

7、現場附近の足取りが午後六時四十分頃から十一時三十分頃迄採れない事実を如何に見るか

他殺説に対する疑問点

1、三越え《ママ》行く途中「白木屋でもよい」と云った点を如何に見るか

2、七月四日の行動及七月五日当日三越え《ママ》行く迄の行動を如何に見るか

3、三越から拉致されたとすれば如何なる方法に依ったものと見るか

4、如何なる企図に依り如何なる犯人が殺害したと見るか

5、殺害の場所を事故現場と見るかその他の場所と見るか

A、事故現場と見る場合
a、如何なる方法で何時現場に連行されたと見るか
b、現場附近の足取との関係を如何に見るか
B、その他の場所と見る場合
a、三越付近と見るか或は三越及事故現場以外の場所と見るか
b、殺害の時間を何時と見るか
c、死体運搬の方法を如何に見るか
d、現場附近の足取りとの関係を如何に見るか
6、殺害方法を如何に見るか又殺意ある計画的犯行と見るか或は傷害致死と見るか
7、靴裏に附着してゐる色素、上衣ポケット内のからす麦、末広旅館から採取した毛髪と下山総裁と《ママ》の毛髪との対比結果の酷似性等一連の関連性をどう見るか

タイトル【下山事件その後（七月二十一日第一回合同捜査会議以降）の捜査経過】
25　3　12日布施君より受取（＊書き込み）

一、現場附近血痕反応実験
轢断現場より北千住寄り鉄道線路上に血痕らしきものが認められるとの情報に基き七月二十五日夜を

徹して轢断現場を遡ること約三百米の間及附近ロープ小屋に就きルミノール液使用に依る血痕反応実験を行った

二、死体運搬実験
殺害の上死体を轢断現場に運搬したとの想定の下に左現場に通ずる道路六本に付七月二十八日午後九時より自動車の入り得る最終地点から轢断現場迄人体模造約二十貫の砂袋を運搬し運搬の難易所要時間等の実験を行った

三、ロープ小屋内地面の血痕の有無鑑定
八月十六日ロープ小屋内の地面の土を採取東大法医学教室に血痕の有無の鑑定を依嘱した

四、着衣の附着物の鑑定並に実験
下山総裁の着衣に就きその附着物の種類附着状況等の鑑定を東大秋谷教授に依嘱するとともに九月六日左の実験を行った
（1）下山総裁の着衣と同質の衣類を着用し常磐線北千住駅より同金町駅（田端駅より轢断現場迄の区間に略一致す）迄の区間炭水車に乗車した場合並に最も煤煙を被り易き無蓋車輌に乗車した場合の附着物及その附着状況
（2）轢断列車の現場通過時刻である午前零時十七分頃より現場遺留品を押収した翌日午前七時三十

分頃迄の間下山総裁の着衣と同質の衣類を轢断現場に放置した場合の附着物の種類並にその附着状況（本実験は七月五日当夜の降雨量をも考慮に入れてこれを行った）

五、貨車の積荷調査

着衣の附着物の種類及その附着状況調査の参考とするため轢断列車に先々行する七月五日午後十時十一分現場通過下り第二六三号貨物列車以降七月六日着衣押収時間に至る迄の下り貨物列車全車輛に付その積荷の種類を調査した

六、ロープ小屋附近並に後に血痕を発見した鉄道線路堤防の検索

（1）遺留品発見のため九月六日より同十日に至る五日間に亘りロープ小屋附近並に後に血痕を発見した鉄道線路堤防の草刈を行った

（2）下山総裁の歯牙発見のため九月二十六日より同三十日に至る五日間及十月三日同月十二日の二日間計七日間に亘って後に血痕を発見した鉄道線路上並に轢断現場の検索を行った

七、轢断機関車の缶圧実験

七月五日当夜轢断汽《ママ》関車発車に際し、その缶圧が著しく低下していた事実に鑑み人為的に操作が加えられたものであるとの想定の下に九月二十七日（＊以下、資料欠）

タイトル【機関車気圧放出試験】

25　3　12日受取（＊書き込み）

昭和二十四年九月二十七日新小岩機関区に於てD五一六五一号機関車（下山総裁轢過機関車）を使用して実施

第一回実験

・缶圧を一三・五kg　缶水を二四・二（略満水）として二時間自然放置して缶圧及び缶水がどの位低下するか

・結果

経過時間	缶圧	水位
十五分後	一四kg四	二四・〇
三〇分後	一四kg五	二三・五
六〇分後	一四kg一	二三・二
一二〇分後	一二kg四	二一・八

第二回実験

・缶圧一三・一kg　缶水二四・六を人為的に放出して缶圧六kg　缶水⅓に降下せしむるに要する時間はどの位か

・結果

経過時間	缶圧	水位
〇	一三kg一	二四・六
一五分後	九kg七	一九・三
三〇分後	七kg一	一五・八
三八分後	六kg〇	一四・三

第三回実験

・缶圧六　水位⅓に降下した機関車に乗車して直ちに作業を開始し、発車可能の程度迄缶圧・水位を回復するのに要する時間

・結果

当日は缶圧一一kg二　水位一九に回復した状態で発車して居るのであるが実験の際此の水準に達するに要した時間は九分三〇秒。

但し本実験の場合には缶の火が事件当日より数倍強かったので実際にはもっと多くの時間を要することになる。然しその為時間が延長されても十五分位で回復可能の見込である。従って発車の遅延を

計るのには起し番の起し忘れが重要な意味を持ってくる。

第四回実験

缶圧一三kg　水位二四・八で人為的に気圧を放出し缶圧六　水位⅓を実現させるのにどの位の時間を要するか

経過時間　缶圧　水位

○　一三kg　二四・八

四五分後　六kg　一三・○

◎結局人為的放出で缶圧六水位⅓を実現する事は出来なかったが之は機能的に不能ではなく投炭量の調節等により技術的に実現可能である。

タイトル【下山総裁を轢過した機関車を使用して行った試験結果（昭二四・七・一五実施）】

一、直線上に於ける死角距離

二七米五○○

二、R五〇〇（五〇〇米カーブ、轢過現場は之に当る）に於ける死角距離
二七米五〇〇

三、R五〇〇に於ける軌条の見透距離
二七米五〇〇――五九米五〇〇（但し顔を窓外に出した場合の見透）

四、V四五（時速四五粁。当日下山総裁轢過時の時速）に於ける支障（レール上横倒）の発見可能距離

結果は発見不能

（註）実験に供した支障物は長さ約三尺の炭俵を巻いた物の突端に人頭大の布を巻き付けた物である。

五、V四五に於ける左側犬走に立って居る者（レール中心から二米）の発見可能距離

第一回実験　右側（助手席）一七米二〇〇で発見

左側（機関手席）発見せず

第二回実験　右側／左側　共に発見せず

六、V四五に於ける左側犬走にしやがんで（＊「いる」が抜け?）者の発見可能距離

第一回実験　右側　二米二〇〇で発見
　　　　　　左側　発見せず
第二回実験　右側　四米二〇〇で発見
　　　　　　左側　発見せず

（註）
（イ）五、六の実験のモデルは身長五尺五寸、体重十四貫五〇〇匁の男子にして薄鼠色作業衣着用無帽
（ロ）五、六、いずれも窓外に顔を出しての実験である

七、昼間に於ける軌条上の支障物発見可能距離
　左側に於て四三米の見透可能

八、六V〇・五A、三W（六ボルト、〇・五アンペア、三ワット）蓄電池前照燈の照射確認距離
　前方の確認不能
（註）此の蓄電池前照燈は当日使用したもので通常は一〇〇ワットのものを用いてゐるが事件当日はソケット故障のため之を用いた

九、一〇〇W（通常之を用う）の前照燈が照射する確認可能距離

此の場合も前方の確認不能

十、支障物（炭俵）轢過試験
跳ねとばされて結果を得られず

参考
一、雨天の際は窓外に顔を出して前方を見ることは困難で窓硝子を通して見ることになると云う。ところが雨のため硝子が曇り、実際上前方の見透は不能になると云う。
二、現場附近を走行中、屢々相当大なるショックを感じた。之はレール枕木の古くなったことから起る現象だと云う。従って人体轢過時のショックも乗務員の注意を惹かない場合が有り得る訳である。

以上

タイトル【7月4日に於ける下山総裁の行動（大西運転手の供述に依る）】

（Ⅰ）下山邸出発（午前8時25分か30分頃）↓本省（午前9時少し前着）

（Ⅱ）本省発（午前11時半か午后0時半頃）—（距離3㎞所要時刻6分）↓総理官邸（約30‐40分にし

て増田長官と出て来て長官の車に同乗し外務官邸に向う）－（6㎞、10分）↓目黒外務官邸（30－40分して一人で出て来て人事院へと云う）－（6㎞、12分）↓人事院（1時間位居て帰る。本省へ向けて走る。警視庁通過後　総裁「警視庁へ寄るんだった」　大西「寄りませうか」　総裁「イヤ良い」）↓東京駅前ロータリー（総裁「日本橋へやってくれ」）↓呉服橋↓（日本橋へ近付いた頃、総裁「薬局があるか」－（人事院から3㎞、6分）↓橋詰薬局（総裁自身下車して何か薬を買った）－（1㎞、3分）↓本省（大西「本省へ帰ったのは3時前后と思う」）

（註）此の行動に於ける所要時間2時間34分乃至54分

従って出発時を12時とすると3時少し前に帰庁することになる。

（Ⅲ）本省（3時頃出発）－（3分）↓警視庁（3、40分して出て来て「法務府へ行け」）↓法務府（法曹会館）…（約20分にて「総理官邸へ」）－（1分）↓総理官邸（約15分位にて「新橋へ」）↓（虎の門を経て。総理官邸より2㎞4分）↓新橋駅（車中より駅正面をのぞく。大西「午后4時過と思う」）↓都電新橋（行先の指示なきを以て本省へ向う）土橋↓数寄屋橋↓日劇前↓毎日新聞社前↓東京駅前（総裁「東鉄へ行け」）↓東鉄前↓呉服橋手前で引返す↓東京駅前（総裁「駐車場はないか」　大西「丸ビル前」　総裁「此処で止れ」）－（新橋駅より4㎞11分）↓東京駅中央口横（総裁下車す。車は丸ビル前に駐車す。30－40分にして出て来て総裁「鉄道協会へ行け」）↓馬場先門↓G．H．Q横－（丸ビルから3分）↓鉄道協会（大西「午后5時頃だった」　大西「会議は6時半頃終った。その終る迄の間に一回本省へ引返した」）↓本省↓鉄道協会（午后六時半頃発）↓本省

（註）此の鉄道協会に至る迄の行動に於ける所要時間　1時間57分乃至2時間20分
従って出発時を3時とすると鉄道協会着は午后5時又はその少し後となる。

（Ⅳ）本省（午后9時45分頃発）→下山邸（午后10時15分頃着）

タイトル【7月5日に於ける下山総裁の行動（大西運転手の供述に依る）】

（Ⅰ）大西の下山邸へ赴いたコース
大西宅（午前7時45分発）→三原橋交叉点→昭和通→新橋電停→品川→八山通→五反田→洗足行大通→洗足バス終点→池上線陸橋―（大西宅より25分）→下山邸（午前8時15分着）

（Ⅱ）下山邸（午前8時20分頃発）―（12分）→品川―（3分）→三田―（4分）→御成門（御成門通過、郵便局手前の煙草屋の辺りで、総裁「佐藤さんの所へ寄るのだったが」大西「引返しませうか」総裁「イヤよろしい」）→田村町一丁目→日比谷―（下山邸より25分）→東京駅前ロータリー（総裁「日本橋の三越へ。一寸買物がある」）→大手町（停車場を右折。間もなく総裁「10時までに役所へ行けばよい」）→丸の内一丁目（呉服橋へ向けて東京駅ガード通過の頃　総裁「白木屋でも良いから真直ぐやってくれ」）→日本橋電停間際（大西「未だ開店しませんね。三越へ行って見ますか」　総裁「ウン」）―（下山邸より29分）↓日本橋交叉点―（下山邸より29分30秒）↓三越本店（未だ開店せず。帝銀横へ左折。大西「役所へ行きますか」　総裁「ウン」）↓農林中央金庫↓ガード手前（午前8時50分頃…大西…。総裁「神田駅へ」）―（下山邸より31分30秒）↓新常盤橋↓神田駅ガード―（下山邸より34分）↓神田駅前電停（此の間　総裁は駅をのぞいて居た。此処で総裁「右へ曲れ」）↓今川橋↓室町三丁目↓新常盤橋―（下山邸より37分）↓交通公社前（総裁「三菱へ行け」）―（下山邸より39分30秒）↓千代田銀行（約25分停車）↓京橋↓日本橋（電車通りを行く）↓三愛食品横左折―（千代田銀行より6分）↓三越本店（大西、9時30分頃）

（註）

1．本省　下山邸間の距離約14km　所要時間25分

2．7月5日の三越本店到着迄の所要時間70分30秒

従って下山邸出発時刻を8時20分とすれば三越着は9時30分30秒となる。

3．大西方から三越に総裁が下車する迄の走行距離34km

タイトル【自殺に非ずとする下山総裁夫人の供述】

一、総裁の父は判事で熊本地方裁判所長を最後に退職した人で、母は神戸の商家出身であった。総裁の父の出は兵庫県の農家である。血統上不審の点はない。

二、総裁の健康状態は良好であった

1、六月初旬鉄道病院で体重を測ったら十九貫八百匁あり、事件当日まで痩せた感じはしなかった。

2、国電ストの頃から夜寝付きが悪くなったのでカルモチン一服（鉄道病院調剤　錠剤一個分の分量）を時々服用する様になったが特に不眠症となって居た程ではない

3、食欲も良好で事件当日の朝は平常通り二杯食べて居る。

4、ビタミン注射も国電ストの頃から始めたが之も家族からすゝめたのであって特に病的現象が現れたからではない。

5、然し疲労してゐた事は事実で従来家庭で談笑することが多かったが最近はそれがなくなった。但し外に疲労を推測させる様な外観はなかった。

三、家庭内に於ける挙動に異常は認められなかった。

四、強度の脅迫感に取りつかれて居たという徴候もなかった。

1、家庭に対しいやがらせがあるかも知れぬとは家人に語って居たがそれ以上のことは予期して居なかった。

2、監禁されて殴られる様なことがあるかも知れないとか或は生命がなくなるかも知れぬと洩らす事はあったが自分の信念は挫《ママ》げないと云って居た。

3、運転手に対し事件の四、五日位前に制服制帽はやめる様に注意したことがあったが、それ以上特に警戒を払って居る様子もなかった。

五、仕事の上で失態を演じた様な事はなかったと思う。七月三日の午后十二時頃C.T.Sのシヤグノン中佐が一人で総裁邸へ来て此の重大時期（首切発令前の意味）に役所に幹部が一人も居ないのは何事かと難詰したそうであるが之は了解を得たので別に総裁は気にして居なかった。

六、総裁は胃酸過多症の為普通以上に喰べたがる方であった。平素帰宅して夕食が出来て居ないと必ず何か他の物を食べて居たし役所でも昼食後飴や寿司をとって喰べる事がしば〳〵だと聴いて居た。従って昼夕の二食を抜く事などは考えられない。監禁でもされて居たのではないかと思う。

捜査秘史

タイトル【下山事件捜査秘史】

元東京地方検察庁検事
金沢　清

一、全官公労組共闘委結成
昭和二一年一〇月最低生活獲得全国教員組合大会が開かれ、全逓、国鉄、非現業国家公務員、地方公務員がつゞき、同年一一月二六日「全官庁労組共同闘争委員会」が結成され、議長には国鉄の伊井弥四郎が就任した。そして越年資金などの共同要求を政府（吉田内閣）に提出し、二六〇万人が結集するまでになつた。

政府は右要求を拒否し、スト中の賃金カットなどの強い警告で応じた。

二、ゼネスト宣告とＧＨＱの中止命令

昭和二二年一月一一日「スト態勢確立大会」には約四〇万人が参加し「ゼネラルストライキ」を宣言し、あらためて共同要求を出したが満足する回答はなかつた。

その結果同年二月一〇日午前〇時を期して、ゼネスト決行と決まり全官公労二六〇万人に民間が加わり、四〇〇万人がスト参加と見られた。

これに対しGHQは共闘会議幹部に圧力をかけ、同年一月三〇日午後責任者マーカットはこれまでの「中止勧告」から「命令」に替え、これを口頭で伝え新聞発表を禁じた。

共闘会議はこれを「正式命令ではない」と判断し、スト突入をGHQと中央労働委員会に伝えた。

同月三一日午前二時半マッカーサーは「ゼネストの中止命令」を出し、二時間後には命令の内容がラジオで放送され、同時に共闘会議の幹部がGHQに呼ばれ、マッカーサーはゼネスト中止を命令した。

このため二月一〇日午前九時二〇分伊井議長は「GHQの強制でゼネストを中止する」旨マイクで宣言した。

三、第三次吉田内閣成立と大量首切り

昭和二四年二月一六日第三次吉田内閣が成立した。政府は「行政機関職員定員法案」を決定し、二六万七〇〇〇人の人員整理の構想を示し、右法案は同年五月三〇日に成立した。

四、日本国有鉄道の発足、下山国鉄総裁就任と人員整理

昭和二四年六月一日運輸省の鉄道部門は独立して日本国有鉄道が発足し、運輸次官下山定則が初代国鉄総裁に就任した。

政府は六月三日行政整理による退職者の退職手当政令を決め七月一日を期して人員整理を断行することを決し、下山総裁は組合側の情勢を見て七月一日整理基準を国鉄労組本部に提示することゝなつた。かくして中央官庁の人員整理は険悪な労働情勢のなかに、国鉄を口火として実行に移されることゝなつた。そして七月一日国鉄と組合両者の会見が非公開で行われたが、結論を得るには至らなかつた。さらに翌二日両者は折衝したが、同日当局側は右交渉の打切りを通告し、人員整理を急速に具体化することゝなつた。

そして国鉄当局は七月五日三万一、二〇七名の第一次整理を開始した旨通告した。

五、下山総裁の怪死

同年七月五日下山総裁は出勤途中三越本店に立寄つたが、その後行方不明となり、翌六日午前〇時二五分常磐線の北千住駅と綾瀬駅間の東武鉄道ガード下付近の線路上にバラバラの死体となつて発見された。

右下山総裁の死亡についてはその後捜査を尽したが、自他殺不明として今日に至つている。

六、宿直検事の任に就く

当時東京地方検察庁検事であつた私は、七月五日鈴木雄一郎検事外事務官数名と宿直勤務に就いた。

私は右任に赴くに当り地検労働係勝田検事からつぎのような引継ぎを受けた。

「本日下山総裁は国鉄の人員整理に関しGHQ当局と打合せの予定になつていたのであるが、出勤途中三越本店に立寄つたまゝ未だに行方不明となつている。国鉄ではこれを警視庁に通報し、同庁では総裁の自動車が盗難にあつたとしてそのナンバーを手配して捜査中である。総裁の運転手は夕方まで三越で総裁を待つていたが、午後五時のラジオのニュースで総裁の行方不明が報じられたのを知り驚いて国鉄本部に電話連絡したという。運転手は総裁の行方について鍵を握つているとも思われるので場合によつては身柄を拘束して取調べることになるかも知れぬから、その際警視庁からその旨の連絡があつたら直ちに通報されたい」ということであつた。

七、警視庁からの通報と現場への急行

翌六日午前三時ころ警視庁刑事部長から地検宿直室に電話があり、「下山総裁の死体が常磐線綾瀬駅付近の東武線ガード下で発見されたから現場に急行されたい」ということであつた。

当夜偶々布施副部長検事（ロッキード事件当時の検事総長）が在庁していたので同検事らと共に即刻現場に急行した。

現場付近には報道関係の自動車が数台来ていたが警視庁の鑑識車は未到着であつた。併せてそのころは豪雨中であつたゝめ付近の民家で一時待機した。

暫らくして鑑識車が到着したので現場の検証を開始したのであるがその間報道関係者が多数集合して、現場立入禁止の警察の制止にも拘らず多勢に無勢で強引に現場に入られ、その後多数の警官が現場保存の任につき報道関係者を現場から排除するまでの間に現場は無残にも荒らされる仕儀となつてしまつた。

八、現場の検証

総裁の死体及び衣類は東武線ガード下から下り方面へかけて約五〇メートルの区間に亘り寸断されて散乱しており、目もあてられぬ惨状であつた。

事件解明のポイントは総裁の死因が自殺か他殺かである。そのためには現場の足跡、その他の痕跡及び出血の状況等の究明が必要であるところ、出血状況については当時豪雨のため洗われて殆んど不明であつた。

また、足跡等については前記の如く事件発生後現場に多数の者が立入つてしまつたゝめ、事件発生前後の状況の識別は極めて困難であつた。

九、死体解剖による死因の鑑定

死因については私が東京大学に鑑定を嘱託したのであるが、鑑定事項については特に馬場次席検事(後の検事総長)の指示を受け、一般の鑑定事項の外に特に「死後轢断なりや否や」を追加した。

総裁の死体解剖は当日東大法医学教室において桑島博士執刀、古畑博士ら立会の下に行われた。その結果は睾丸の一部及び手掌に僅かな出血が認められるがその他には全く生活反応(出血)が認められなかつた。従つて総裁の死体は死後轢断(列車に轢かれた時には既に死亡していた)と認められる。

右睾丸の出血は生前足蹴にされたような場（注・「場合」のタイプミスか）に生じた可能性がある。それゆえ鑑定結果は他殺と認められるということであつた。

一〇、総裁の死因についての報道

私達は右東大の鑑定を終え、東大から出たのであるが当初報道関係者は私達の身分に気付かなかつたが、そのうち一部の記者が気付き「総裁は自殺か他殺か」と質問した。私は前記の如く鑑定結果は一応判つてはいたが、機密保持のため右記者の問に対しては「判らない」旨答えた。その結果当日のラジオ等では総裁は自殺か他殺か不詳である旨報道された。

一一、事件の捜査

一般の殺人事件では検事は警察の送検を受けて捜査に着手するのを例としているが、下山事件についてはその重大性から警察の捜査と並行して検察庁でも捜査を進めることゝなつた。そして地検では布施、私、佐久間の三検事が担当することゝなつた。

当時私は全国的に跨る大規模な経済事犯の捜査を担当し、近日中に警察と共に中部地方に捜査出張の予定となつていたが、当分の間右事件を離れ下山事件の捜査に専従することゝなつた。そして私は主として国鉄内部及び総裁の近親者等の取調べに当つた。

国鉄内部関係者の取調べには総裁室（当時空室）を提供された。国鉄副総裁以下国鉄幹部及び国鉄ＯＢ（鉄道弘済会、日本交通公社）等から総裁の事件前の状況等について聴取したのであるが、その結果総裁の健康及び勤務状態並びに行動には何等の異状がなく、また、ＧＨＱとの国鉄人員整理に関する交渉については主張すべき点は充分に主張して問題視さるべき点は見受けられなかつたとのことであつた。

また総裁の妻その他の親族の捜査結果も自殺を窺わせる点は認められなかつた。

他方総裁が行方不明になつた当日走行中の自動車内で総裁らしき者を見うけたというので自民党本部に佐藤栄作政調会長（後の首相）を訪ね、その秘書に聴いたところによると、同氏は五日午前一一時ごろ国会議事堂前から平河町に向つて疾走する自動車内に二、三名の男に両側を囲まれた総裁らしき者を目撃したとのことであつた。

また東京鉄道局情報係によると事件前に都内三河島方面のある家の内で数人の男が何か謀議を凝らしているのを見た者がある旨述べていた。

一二、現場の再検証等

当時東大法医学教室では血痕の有無の鑑定にはルミノール液による反応によつて判別する方法の研究がなされていた。その結果七月二五日夜私達検察陣は東大秋谷教授等と共に現場の常磐線軌条及びその付近についてルミノール液を撒布して血痕の有無を検証した。その結果総裁が轢かれた場所より北千住寄り及び綾瀬寄り、並びに現場付近の無人の小屋の中等から多数のルミノール反応が認められた。

よつて右反応を認められた枕木等を削り取つた上東大において血液型の鑑定を行つたところＡＭＮ

型（注・AMQ型のタイプミスか）で、総裁の血液型と一致した。

そして右血液型の同一性は数千人に一人のパーセンテージであり、しかも血痕の発見場所が総裁が轢かれる手前の地点にもあつたことが特に注目さるべき点であつた。さらに東大の鑑定によれば総裁の履いていた靴底からは、現場付近では符合しない土壌が付着しており、かつ、総裁の着衣に轢かれた列車にはない糠油が付着しているとのことであつた。

一三、警視庁における捜査
警視庁捜査一課における捜査によれば、三越から地下鉄に入る付近、前記末広旅館及び現場付近等で総裁らしき者を見たという数名の者があつた。反面多殺（注・「他殺」のタイプミスか）に関する有力な事実は浮び上らなかつた。そのため総裁は自殺したのではないかとの見解が強くなつた。しかし総裁が事件前に着用していた眼鏡、ライター、シャープペンシル、ネクタイ等は発見されなかつた。

一四、捜査主脳会議
七月二一日地検、警視庁及び東大の捜査関係者の捜査会議を開いた。その際警視庁側は、他殺の線で捜査をしたが他殺を認め得る証拠は見当らず却つて総裁は死亡前精神状態が不安定の状態にあつたと認められ、かつ、現場付近に総裁らしき者の目撃者があること等から考えると他殺とは認められぬとの意見であつた。

これに反し東大側は前記鑑定の諸点から総裁は死後轢断と認められ列車による自殺とは認められぬ

と説明した。
その結果現時点では自殺他殺不明であるから更に捜査を続行すべきであるとのことになつた。

一五、総裁の死因についての法医学会内の論争

東大医学（注・法医学のタイプミスか）教室では前記諸点から総裁は死後轢断である旨の見解を固めていた。

これに対し現場で総裁の検屍に当つた八十島監察医（慶大卒）によれば従来の経験によれば「轢死と考えるのが至当」とされ、さらに慶大の中館教授は本件後発生した三鷹事件の鑑定結果から考えて総裁は「死（注・轢死のタイプミスか）」と考えられる旨の意見を発表した。

斯様な状況下に七月三〇日東大内で日本法医学会の臨時報告会が開かれ、総裁の死因鑑定問題が討議された。その際東大側は前記の主張をなし、慶大の中館教授は前記自殺説を強調した。しかし、参会者の多数は実際に執刀していない中館教授の主張には合理性が認められぬとして東大の見解を支持した。

一六、下山事件に関する新聞報道等

下山事件については朝日新聞は特に東大の鑑定を重視して他殺説をとつて報道した。

これに対し毎日新聞は警視庁捜査一課の捜査内容に基づき自殺説が有力であるとして報道した。

警視庁は八月初旬に本件捜査結果を発表する予定だつたところ、その後右発表はなかつた。

一七、その後の捜査

前記の如く下山事件については捜査の結果自他殺の何れかの確証がなくその捜査は長期化が予想されるに至つたので、私は前記の如く本件発生当時従事していた経済事件等の本来の職務に復帰するため本件の捜査陣から離れた。

そして地検においては布施、及び佐久間検事等が、警視庁においては主として捜査二課が夫々事件の捜査に従事したのであるが、犯人検挙の有力な証拠を発見するには至らず昭和三九年七月四日殺人罪の公訴時効（一五年）が発生した。

一八、下山事件の問題点

地検において他殺説の線に沿つて捜査をしたのは東大の各種鑑定の結果総裁の死体は「死後轢断」と認められるとされ、かつ、その鑑定は信頼すべきものと思料されたからによるものである。

したがつて下山事件の問題点は

1、他殺としてその犯人像は如何なる者か

2、東大の各種鑑定特に死体の解剖による鑑定結果に誤りなきや

3、総裁の行方不明とされた後の目撃者の供述内容の信憑性如何

4、自殺と仮定して

（1）自殺の原因は

（2）自殺の理由は何か、

という諸点である。

これら諸点について若干の私見を有するが、私が捜査を担当したのは当初の約一ヶ月間に止まり、その後の捜査内容はその後刊行された雑誌及び書籍の記事等を知るのみであるので、事件の重大性に鑑み私見の公表は差控えたいと思う。

昭和五八月（注・「五八年」のタイプミスか）一一月記

木田滋夫（きだ・しげお）

読売新聞記者。1971年神奈川県藤沢市生まれ。大学卒業後、情報業界を経て、99年に読売新聞社入社。横浜支局（神奈川県庁担当）、東京本社社会部（環境省担当）、中部支社社会部（愛知県警担当）、千葉支局デスクなどを経て2019年より東京本社教育部。23年に同部次長。

下山事件《しもやまじけん》　封印《ふういん》された記憶《きおく》

2024年10月10日　初版発行

著　者　木《き》田《だ》滋《しげ》夫《お》

発行者　安部順一

発行所　中央公論新社

〒100-8152　東京都千代田区大手町1-7-1
電話　販売 03-5299-1730　編集 03-5299-1740
URL https://www.chuko.co.jp/

ＤＴＰ　今井明子
印　刷　TOPPANクロレ
製　本　大口製本印刷

Published by CHUOKORON-SHINSHA, INC.
Printed in Japan　ISBN978-4-12-005840-0　C0036

好評既刊

松本清張の昭和史

保阪正康 著

『昭和史発掘』『日本の黒い霧』をいかに読み解くか。没後30年を経て、清張史観はどう評価されるべきか。清張から「時代の記録者」のバトンを託された著者がその核心を伝える。

〈単行本〉